トヨタに学びたければ
トヨタを忘れろ

常識を打破する
改善リーダー育成
108の秘訣

- ベルトコンベヤを使うな
- 優秀な作業者に作業をさせるな
- 受入検査をやめよ
- 平均値でアクションするな
- 意見を言うな、事実を言え
- 作ったものを運ぶのではなく、運ぶ物をつくる
- 5Sで生産性は上がらない
- 今のやり方は最悪と思え

近江堅一・近江良和 著

日刊工業新聞社

はじめに

　1994年に本格的な工場改善コンサルティングをはじめ、20年以上に渡り中小メーカーの工場の生産性向上指導をしてきた。そして、現在でもさまざまな業種の工場の生産性向上指導をしている。この体験から強く感じるのは、工場改善を推進する強いリーダーが不足しているということだ。

　工場改善を推進するには、やはり強いリーダーが必要である。しかし、そのリーダーを創りあげていく場がほとんどないのも事実である。さまざまな工場の現場を見て感じるのは、改善リーダーとなるべく人が、日常業務に追われて、改善力をつける機会を失っていることだ。日常業務とは別に、改善を正しく学んでいく場が与えられていない。

　また、経営者が改善リーダーを育てていく必要性を感じていなかったり、必要性を感じていても具体的にどうすればいいのかがわからなかったりするケースも多い。どちらにしても、改善が進まず、いざ赤字決算に陥ると「打つ手がない」ということが起きている。

　そこで、本書では「改善リーダー」を創るべく、その重要なポイントを鉄則として108に絞ってまとめた。どこから読んでもよいので、目次を見て気になったところ、すぐ手がつけられるところからどんどん改善などを実践していってほしい。キーワードは「常識打破」であるため、一見「常識」と相反することが書かれている。しかし、その「常識」を再点検する視点で読んでほしいのだ。

　経営者には、改善リーダーを創ることの重要性や具体的方法を学んでいただきたい。そして、管理者には、改善リーダーになるべく必要な資質を本書から学んでもらい、改善リーダーとして大きく成長していただきたい。

　1人でも多くの改善リーダーが生まれることが本書の狙いであり、改善リーダーが生まれることで、日本の製造業が競争力を高めていくことに期待したい。

2017年3月

近江堅一

トヨタに学びたければトヨタを忘れろ

常識を打破する 改善リーダー育成 108 の秘訣

目 次

はじめに ……………………………………………………………………… i

序章　今、なぜ「改善リーダー」が必要なのか

- **1** 自社を取り巻く環境 ………………………………………………… 2
- **2** 自社の課題 …………………………………………………………… 3
- **3** 自社が目指すべき方向 ……………………………………………… 5

第 1 章　自分の殻を破る改善力を身につける

- 1-1　働きと動きの違いを知れ ………………………………………… 8
- 1-2　逆説的真理に気づけ ……………………………………………… 9
- 1-3　新しい知識が新規改善に導く …………………………………… 11
- 1-4　工場改善の二律背反現象に気づけ ……………………………… 12
- 1-5　お金を生む仕事は 20％と知れ ………………………………… 14
- 1-6　3 つの錯覚を見破れ ……………………………………………… 15
- 1-7　常識打破は命がけで取り組め …………………………………… 17
- 1-8　自分の知らないことに耳を傾けよ ……………………………… 19
- 1-9　ヒューマンエラーは技能力アップで減らせ …………………… 20
- 1-10　クレームの責任者を決めよ ……………………………………… 21
- 1-11　マクロ戦略とミクロ戦術で生産性を上げよ …………………… 23
- 1-12　代案を出せ ………………………………………………………… 25

1-13	ベルトコンベヤを使うな ……………………………………	26
1-14	組立作業の1個流しラインをつくれ ………………………	28
1-15	標準時間を決めよ ……………………………………………	30
1-16	ネック工程前の置場を管理せよ ……………………………	31
1-17	機械故障復旧時間を決めよ …………………………………	33
1-18	組立工数を算定せよ …………………………………………	34
1-19	外注に依頼せず内製化せよ …………………………………	36
1-20	検査は品質保証という付加価値を生む ……………………	37
1-21	固有技術を知らなくても不良低減や生産性向上できる ……	38
1-22	改善時間をつくれ ……………………………………………	40
1-23	製造機械は自社で改造せよ …………………………………	41
1-24	部材発注の発想を変えよ ……………………………………	42
1-25	改善班をつくれ ………………………………………………	43
1-26	段取班をつくれ ………………………………………………	44
1-27	製造条件を見直せ ……………………………………………	45
1-28	ネック工程の能力を向上せよ ………………………………	46

第2章 思い込みから脱出するための生産管理の基礎知識

2-1	トヨタ生産方式2つの柱 ……………………………………	48
2-2	生産性目標を決めよ …………………………………………	50
2-3	時間を入れた生産指示を出せ ………………………………	51
2-4	現場リーダーを作業に埋没させるな ………………………	52
2-5	総合リードタイムを短縮せよ ………………………………	53
2-6	現場を正しく観察せよ ………………………………………	55
2-7	ワークサンプリングで稼働を分析せよ ……………………	57
2-8	部品を揃えるのにクリティカルパスを活用せよ …………	59
2-9	両手を活かせ …………………………………………………	61

2-10	現品票で棚卸コストを大幅に削減せよ ……………………	63
2-11	5つの目で見る管理板 ………………………………………	65
2-12	点検項目と管理項目 …………………………………………	68
2-13	多品種少量生産型におけるポスト・イット生産計画法 ………	70
2-14	大部屋化による省人 …………………………………………	72
2-15	ライン化を検討せよ …………………………………………	74
2-16	CSとCDを区別せよ …………………………………………	76
2-17	できばえ確認と検査を区別せよ ……………………………	77
2-18	稼働率と可動率を正しく理解せよ …………………………	78
2-19	作業改善から設備改善に移行せよ …………………………	80
2-20	人間の手の働きを工具に替えよ ……………………………	81
2-21	標準の3つの弱点 ……………………………………………	82
2-22	サイクルタイムとタクトタイム ……………………………	83
2-23	情報の流れ分析 ………………………………………………	84
2-24	標準作業組み合わせ票による多台持ち法 …………………	85
2-25	受注状況に応じた生産性向上アプローチ …………………	87
2-26	異常報告を出せ ………………………………………………	89
2-27	微欠陥を撲滅せよ ……………………………………………	91
2-28	検査の標準時間と品質保証の関係 …………………………	92
2-29	予防処置 ………………………………………………………	93
2-30	測定器の校正費を半減せよ …………………………………	95

第3章　工場管理者を奮起させる秘訣

3-1	管理者の意識改革プロセス …………………………………	98
3-2	作業者を指導するポイント …………………………………	101
3-3	管理者がやる気を高める5つのポイント …………………	103
3-4	作業者にやる気を持たせる仕組み …………………………	106

3-5	作業者の適性力量評価	107
3-6	管理者の考え方の枠を拡大せよ	108
3-7	在庫があれば管理者はいらない	109
3-8	協力会社へ顧客の厳しさを伝えよ	110
3-9	マンネリ化したQCサークルを活性化させよ	112
3-10	優秀な人から抜け	113
3-11	なぜ5回を追究せよ	114
3-12	管理を正しく理解せよ	115
3-13	製造課長の5つのネックを解消せよ	116
3-14	O式挑戦目標必達法を適用せよ	118
3-15	1日改善会の偉力を知れ	119
3-16	管理者はパソコンを使うな（現場に出よ）	121
3-17	調整時間を短縮せよ	122
3-18	管理者は3カ月間の挑戦目標を決め必達せよ	124
3-19	計画で計画を立てよ	126
3-20	納期遅れ、クレーム、社内不良はすべて管理者が出している	127
3-21	状況報告でなく管理報告せよ	128
3-22	検査は訓練で早く正確になる	129

第4章　工場改革に役立つ教えを実践しよう

4-1	「意見」でなく「事実」で話せ	132
4-2	「難しい」と言うな	133
4-3	「適正」という言葉を使うな	134
4-4	つくったものを運ぶでなく運ぶものをつくる	135
4-5	「わかった」とは実施できること	137
4-6	過去を問うな	138
4-7	死亡診断書を書くな	139

4-8	言い訳を言うな	140
4-9	ゼロベース発想せよ	141
4-10	出荷するものだけつくれ	142
4-11	5Sをやっただけでは生産性は上がらない	143
4-12	良い仕事をやった尺度	144
4-13	もう1人の自分に相談せよ	145
4-14	この1カ月間の存在を証明せよ	147
4-15	運搬回数をどんどん増やす価値	148
4-16	偶然設計をやってみる	150
4-17	アイデアを組み合わせよ	152
4-18	真のやる気は死の自覚なり	153
4-19	挫折は生き方を変えるチャンス	154
4-20	自分の才能の限界に挑戦せよ	155
4-21	高い資格に挑戦せよ	156
4-22	1分のムダは60円を失う	157
4-23	資材倉庫が満杯になっているムダ	158
4-24	スループット会計を活かせ	160
4-25	ISO9001内部監査は有効性重点で行え	161
4-26	セールスポイントを真剣に考えよ	162
4-27	現状のモノづくりを変えないでISO9001を取得するな	165
4-28	ISO9001の狙いは品質から経営への移行なり	167

序章

今、なぜ「改善リーダー」が必要なのか

1 自社を取り巻く環境

　日本の製造業は大きな転換期を迎えている。高度経済成長期の「つくれば売れた」大量生産時代から、モノが溢れ、個人の価値観が多様化し、消費が低迷する現代では、製造業を取り巻く経営環境は大きく異なる。顧客からは年3％〜8％の**値引き要求**や、**小ロット**、**短納期要求**が厳しさを増している。さらに、創業者や熟練工の高齢化とともに、世代交代の必要性も現実的になってきている。

　また、IT化・ロボット化という新たな波が現実的なものとなってきている。検査や組立といった作業の多くは、近い将来ロボットによる自動化が進んでいくと考えられる。

　そして、この原稿を執筆中の2017年2月、興味深い記事が目に飛び込んできた。米・デトロイト郊外にあるゼネラル・モーターズ（GM）の工場では、ロボットが改善提案を出す「未来工場」を5年以内に実現すべく開発が進んでいるそうだ。ロボットが「作業」だけでなく「改善」も行うということだ。

　このような激変していく時代の中で、日本の製造業は、これからどうしていけばいいのかを真剣に考える段階に来ている。高性能の機械を導入したり、品質の良い製品をつくる、といった従来の発想を続ける限り、生き残っていくことは困難であろう。実際に、**今のやり方を続けていくことには限界がある**と感じている製造業の経営者も増えている。

　過去1度も赤字決算を出したことがない企業は、いったん赤字決算になると、何をどうしてよいかわからなくて途方に暮れてしまう。今までは、従来のやり方で問題なかった（黒字決算だった）からこそ、いざ変革の波が迫ってくると何をどうしていいかわからないのである。実際、こういった相談も最近増えている。

　昨今の景気状況を踏まえ、行政としてさまざまな支援策を打ち出しているが、

主に海外進出の支援であったり、設備投資・運転資金の融資などで、工場の改善を実践的に支援する制度はほとんど見当たらない。また、どのような制度があるのかという情報提供が不十分であったり、手続きが複雑であったり、審査が厳しかったりして中小メーカーが利用しやすいとは言えないのが現実だ。残念であるが、工場を支援をする立場から見ると、行政ができる支援の枠は限定的であり、行政に多くを求めることはできない事情もある。

製造業にとって、経営環境が厳しさを増しているという事実、そして、特に中小メーカーを実践的に支援していく必要性が高まってきているのではないだろうか。

2 自社の課題

物事には原因と結果という法則がある。工場で起こる出来事（結果）は、すべて工場の仕事のやり方（原因）で決まる。例えば、クレームが年に数百件発生している工場の工場長は「こんなにクレームが出るなんて異常ですよね」と言う。しかし、これは「正常」なのである。というのは、年に数百件のクレームが出る（結果）ような仕事のやり方（原因）をしているというだけのことなのだ。つまり、多くのクレームを出すような仕事のやり方をして、多くのクレームを出している、という当たり前のことで、この意味では「正常」なのだ。

逆に、利益を出している工場というのは、利益が出る仕事のやり方（原因）をして、利益（結果）を出しているというだけなのだ。利益を出している工場が何か特別なことをやっていたり、社員が特別優秀だったりするわけではない。極端に言うと、単に利益を出せる「仕組み」ができあがっているというだけだ。

このような原因と結果の視点から、製造業は変化の時代に何をすべきか。

その答えは「人」なのだ。**モノづくりは人づくり**と言われるが、まさに人こそ企業の生命線であり、「人づくり」を真剣に行うことが明るい未来を創り上

げていくことになるのだ。確かに、工場では機械がモノをつくるのだが、機械を動かすのは人、不良を出すのも人、利益を出すのも人、すべては人なのである。経営環境がどのように変化しても、その変化に対応できる「人」がいれば対応していけるのだ。

　具体的には、**工場を改善することができる「改善リーダー」を創り上げる**ことが、変化の時代を生き抜く必須条件になる。特に、今までのやり方（固定観念、思い込み）にとらわれず、大きく変化させていく発想が重要になる。そのためには、**常識打破**できることが必要だ。例えば、海外との価格競争に対抗するため、従来の納期の半分で納入しなければならないという状況になった場合、まったく新たなやり方を導入する必要が出てくる。こんな状況を乗り越えるためには、常識打破しなくてはならない。

　こういった状況は実際に起こっている。ある電子部品を製造している中小メーカーでは、主要取引先から急に取引が縮小された。その理由は、主要取引先の中国工場で生産を開始することになり、今まで取引していた製品の大部分を中国工場で生産することに決まったのだ。その際に取引先の購買責任者が出した条件は「注文を受けたら翌日出荷できる」ということだった。もしこの条件が受け入れられれば、中国工場には移管せず、今まで通り注文を出すというものだった。この条件が非常に厳しいものであることは言うまでもない。

　また、別の大手メーカーでは、新しくインドに工場を建てるので、国内の工場で生産している製品をインドに移すという本社の決定により、国内生産量の激減という状況になったケースもある。

　どちらのケースも「常識打破」をしなければ乗り越えられない。こういったことがさまざまな場所で起こり、本書を読んでいる読者の会社でも明日起こるかもしれないのである。

　「Change before you have to」

　これは、米・ゼネラル・エレクトリック社の元最高経営責任者で、20世紀最高の経営者と呼ばれる伝説の経営者ジャック・ウェルチ（Jack Welch, 1935～）氏の言葉である。

意訳すると、「**変革が必須となる前に、変革せよ**」ということである。これは、製造業の工場に当てはめると、「常識打破の改善が必須となる前に、常識打破できる改善リーダーを創れ」と解釈できる。まさに、これこそ製造業が抱える共通した課題なのである。

3 自社が目指すべき方向

　工場を改善することができる「改善リーダー」を創り上げる具体的な行動を1つずつでもよいので早く進めていくことが必要だ。ただ、そのためには改善リーダーが何を身につければよいかを知らなくてはならない。
　今まで「トヨタに学びたければ、トヨタを忘れろ」（日刊工業新聞）というシリーズで次の9冊を出版してきた。
　『モノの流れと位置の徹底管理法』
　『中小製造業のためのムダとり心得50』
　『製造業の高レベル目標管理法』
　『すぐに「かんばん」をやめなさい』
　『現場長はラインをはずれろ』
　『値引き要求・短納期に応える77の鉄則』
　『改善の"気づき"力養成法』
　『間違いだらけのカイゼン活動7大盲点』
　『モノの流れと位置の徹底管理法 第2版』
　そして、今回「改善リーダーに身につけてほしい知識・発想」という視点で、過去9冊の総まとめを行い、さらに新たな項目を追加した。まさに20年以上の工場改善の集大成と言ってよいだろう。改善リーダーが身につけるべき資質を、秘訣という形でまとめ直した。
　本書の108の秘訣を身につければ、どのような業種であれ、どのような規模

であれ、改善リーダーとして大きな成長ができる。そのキーワードは、「常識打破」である。

なお、本書は「改善リーダー」に知ってほしい秘訣というテーマでわかりやすく簡略化しているので、もっと深く学びたいポイントは、すでに出版している各書でしっかり学んでほしい。

第1章では、改善力を身につけるために知ってほしい発想法をまとめている。ここでは、自ら改善リーダーになるために、どのような考え方・発想を持てばよいかを示している。確かに、常識と反する内容と思えるかもしれないが、いったん素直に受け入れて行動に移してほしい。

第2章では、改善を進めるうえで身につけてほしい知識をまとめている。ここでは、主に用語の定義や改善に使う道具などを紹介している。正しい言葉を使い、正しい道具を使うことは、正しい改善を行うことになる。基本からしっかりと知識をつけていってほしい。

第3章では、改善リーダーが改善を推進するうえで重要なポイントをまとめている。ここでは、改善リーダーが実際に改善活動をしていく際に、工場の管理者や監督者や作業者と協調していくために必要なノウハウを示している。改善を進めるリーダーとして身につけておいてほしい要素をここでしっかり学んでほしい。

第4章では、改善リーダーに頭に入れておいてほしいエッセンスをまとめている。ここでは、1章から3章までに入りきらなかったポイントを記載している。まずは、1章から3章までを学び、その後の知識補強として読んでもらいたい。

最後に、1つだけ補足しておく。本書は単なる教科書ではない。ただ読んで終わってしまうのでは意味がない。現場に持って行き、必要なメモを書き込んで、ボロボロになるまで使いこなしてほしい。

第1章

自分の殻を破る
改善力を身につける

1-1

働きと動きの違いを知れ

　モノづくりにおいてお金を生む（付加価値を生む）仕事を行っているときは「働き」をしているという。例えば、作業者が溶接しているとき、プレス機がプレスしているときは「働き」をしている。

　一方で、作業者がモノを探しているときは「動き」をしていて、お金（付加価値）を生んでいない。工場を回っているとき、管理者や改善リーダーは働きと動きの違いを知り、動きを働きに変える改善を進めていく発想が必要なのだ。

　管理者が働きか動きかを理解しにくいのは段取作業である。次の作業をする準備作業だから、段取作業はお金を生む（働き）と理解している管理者が多い。しかし、段取作業はお金を生んでおらず「動き」なのだ。トヨタ生産方式の格言に「**改善は段取時間の短縮に始まり、段取時間の短縮に終わる**」というのがあるが、段取時間はお金を生まないので半分以下に短縮改善しなければならないということなのだ。

1-2 逆説的真理に気づけ

　改善リーダーは、工場で発生する逆説的真理に気づき、改善を進めなくてはならない。以下に代表的な逆説的真理を示そう。

(1) クレームを減らすには社内不良を増やせ

　多くの品質管理者は無意識のうちに、クレームを減らすには社内不良を減らすこととらえている。これは間違い、錯覚なのだ。クレームは社内の品質保証の網をくぐり抜け顧客へ「不良品」が行ってしまうことである。これを社内で見つけなくてはならない。社内で見つけるということは、クレームが減り社内の不良件数が増えるということだ。

(2) 協力会社への依頼品の受入検査をやめよ

　多くのメーカーでは、協力会社へ依頼した製品の受入検査を行うことが当たり前と考えている。これも間違い、錯覚なのだ。よく考えてほしい。協力会社への依頼は加工依頼でなく、品質保証依頼なのである。

　筆者のアドバイスで、受入検査をやめて良かったという会社もある。これを行うには、協力会社の社長と契約を交わすことが大切だ。今後、受入検査を行わないから「クレーム」になったときはすべての損害を賠償してもらう内容の契約書を交わすのだ。これは協力会社の社長に衝撃を与える。この衝撃こそ、協力会社の社長に不良品を納入しないことを真剣に考えさせるのだ。協力会社の品質責任者は社長なのだ。この事実を直視せよ。

(3)ダブル検査をやめよ

ダブル検査の最初に検査をやる人は、後からもう一度検査してくれると考える。これは心のゆるみである。後から検査する人は、一度合格になったものとして検査する。やはり、心のゆるみがある。

このように、心のゆるみを持って検査をしたら、検査精度は上がるはずがない。正しい検査は、1人でやり、自分が今検査している製品には必ず品質問題が潜んでいると考え真剣に検査をすることだ。

(4)平均値でアクションをとるな

AさんとBさんの試験成績を**図表1-1**に示す。

Aさん、Bさん共に平均点は50点である。平均値だけを見て判断すると、2人へのアドバイスは共に平均値なので、2科目ともがんばりなさいとなる。しかし、Aさんは点数が低い国語を集中的に勉強すべきなのである。

図表からわかるように、平均値をとった瞬間に大事な情報を打ち消してしまう。正しい処置は、平均値をとる前の情報で行わなければならない。

(5)今のやり方は一番悪いやり方と考えよ

トヨタ生産方式の格言に「**改善は無限なり**」がある。今のやり方が良いと考えたら、改善活動をストップさせてしまう。この用語は、今までやってきたことを否定しているのではなく、もっと良い改善をしていくことを教えている。

人＼科目	国語	英語	平均
Aさん	10点	90点	50点
Bさん	49点	51点	50点

図表1-1　成績表

1-3
新しい知識が新規改善に導く

　改善リーダーは今、自分が知っていることしか改善できない。現在やっていることは、すでに自分の知識が織り込まれ実施されているのだ。だから、モノづくりの新しい知識を体得しないと新しい改善はできない。では、モノづくりにおける新しい知識とは何であるか、**図表 1-2** に示す。

　これら6つに気づかないと新しい改善は生まれない。だから、改善リーダーは自分の知らないモノづくりの新しい知識を得ようとする気持ちを持たなければならない。

---

①作業者に時間を入れた生産指示を出す
②現場リーダーはラインから離れ作業者の管理・監督を行う
③管理者は魅力ある現場リーダーを育成する
④社内不良の責任は現場リーダーである
⑤段取時間を半分以下にする
⑥目標を決めてからムダとりを行う

図表 1-2　6つのモノづくりにおける新しい知識

1-4

工場改善の二律背反現象に気づけ

　工場改善していて気づくことは、意外に二律背反現象が多いことである。工場において、1つの改善をすると、他方が悪くなるという副作用が出る。この副作用をなくそうとすると、最初の改善が進まなくなる。実は、これが二律背反の現象であり、工場のいたるところにある。この解決こそ生産性向上に役立つのだ。

(1)工場内に現れている二律背反現象
①部材の欠品と在庫量の関係
　部材の発注者は、製造時にその部材が欠品していると工場長（または製造責任者）から叱られるので、欠品しないように部材を多めに発注するようになる。だから、部材の在庫はどんどん増えていく。部材在庫が増えてくると、今度は在庫を減らせの指示がでる。しかし、部材の在庫を減らしていくと今度は欠品するので、欠品と在庫量の関係は二律背反である。最小在庫量で、かつ欠品しない発注を工夫しなければならない。これが部材発注者の力量である。
②生産性向上と生産リードタイムの関係
　生産リードタイムとは製造の第一工程から完成品検査までの日数または時間である。筆者は工場改善の目標として、生産性向上と生産リードタイム短縮の目標を決め、その達成の支援指導をしている。指導は、まず生産リードタイム短縮から始める。生産リードタイム短縮には、まず製造ロット半減からスタートするケースが多い。製造ロットを半減すると、段取回数が倍になる。これは

不稼働時間を増やすことになり、生産性を落としてしまう。だから生産リードタイムを短縮しようとすると生産性が下がってしまう。生産リードタイム短縮と生産性向上は二律背反の関係にある。だから、1回当たりの段取時間を半減する改善が要求されてくる。この段取時間を半減し、また、その半減の改善活動を行っていく。

上述したように、生産性向上と生産リードタイム短縮は二律背反の関係にあるが、この解決としては段取時間短縮をどんどん進めていけばよい。

③材料発注量と単価の関係

部材供給メーカーは、発注量が多いと単価を下げてくれる。発注量を少なくしていくと単価を上げてくる。これは運搬費の考慮も一要因となっている。だから、発注量と単価は二律背反の関係にある。この解決策は、ある期間（半年または1年）のトータル発注量を約束したうえで、最小発注量を決めて入荷してもらうのが1つの解決策である。これは部材供給者も認めてくれる方法である。

④ロット合併と納期遅延の関係

ロット合併とは、例えば今週A社へa製品を50個納入、来週B社へ同じa製品を50個納入するとする。このとき、今週100個まとめてつくれば、段取回数は1回ですむため効率が良い。これがロット合併である。しかし、さまざまな製品でロット合併すると副作用が出てくる。これは、今週納入すべき他社への製品が今週中に製造できなくなってしまう。

ロット合併し、来週納入してもよいものを今週つくり、機械稼働がいっぱいになり、今週納入すべき他社納入品が入らなくなってしまう。生産管理や製造の責任者は、このロット合併が段取回数を減らし、生産性向上のための知恵と考えている。今週納入すべき他社納入品が納期遅れになるという副作用に気づいていないのである。ロット合併と納期は二律背反の関係にある。これに気づかなければならないのである。

工場にはこれ以外の二律背反もある。改善リーダーは、この矛盾に気づき、打ち破って改善を進めていかなければならない。

1-5

お金を生む仕事は20％と知れ

　中小メーカーにおいて作業者は皆一生懸命仕事をしている。しかし、実際にお金を生む仕事は20％しかやっていない。手待ち、不良品、段取時間、機械故障、物を探している時間、物を取りに行っている時間、運搬等はすべてお金を生んでいない。これらをムダという。

　お金を生んでいる（付加価値をつけている）作業は、全作業から上記のお金を生んでいない作業（ムダ）を引いた残りである。実は、この付加価値を生んでいる作業の中にもムダは潜んでいる。例えば、溶接作業において1個所5分でできるものを7分でやれば、この2分は付加価値作業中でのムダになる。これらを考えると結局、お金を生む仕事は20％以下になってしまう。何ともったいないことか。

　改善リーダーは、この事実を直視して自らやるべきことを明確にしなければならない。改善リーダーに知ってほしいのは、ムダは付加価値を生まない領域だけでなく、付加価値を生む仕事の中にもムダがあることである。

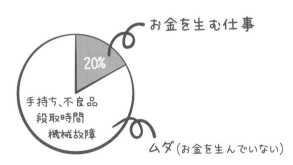

1-6

3つの錯覚を見破れ

　図表1-3を見てほしい。長さは同じなのに、a図の方が長く見える。これは錯覚である。a図とb図を重ねてみると、同じ長さということがわかる。

　錯覚を見破るには、見るだけでなく、重ねるなどのアクションが必要なのだ。対象物を正しく認識するには、人間の目はモノを歪んで見るレンズであることを意識しないと、対象物の正しい姿をとらえることはできない。自分の見たものが正しいと決めつけるのは危険なのである。

　また、人間には目の錯覚だけでなく、すぐ忘れるという記憶の錯覚もある。「昨日の昼飯のおかずは何だった？」と聞かれても、ほとんどの人はすぐに答えられない。人間は1日経つと74％忘れるそうだ（エビングハウスの忘却曲線）。

　さらに、論理が複雑になると、論理の錯覚も起こす。1円の行方という逸話を紹介しよう。旅人が3人宿屋に泊まる際、1人10円ずつ合計30円を支払った。

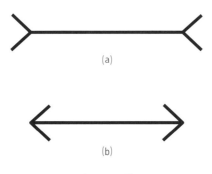

図表1-3　錯覚

宿屋の主人が割引してやろうと、女中に5円返してくるように命じた。女中は5円を3人で割ることができないので、2円を自分の懐に入れ、残った3円を1円ずつ旅人に返した。ここでお金の流れを整理してみよう。まず、最初に旅人が支払った30円であった。そして、旅人が実際に支払ったお金は1人9円だから合計27円であり、女中の懐に入っているのが2円で、27円＋2円＝29円である。最初は30円だったはずだが、1円はどこへ消えたのだろうか？

　改善リーダーは、これら3つの錯覚をよく理解し、物事を認識していかなければならないのだ。常識打破には錯覚を見破ることが大切である。

コラム

探し物の場所

　マーフィーの法則に「探し物は、最後に置いた場所にある」というものがある。確かにその通りである。最後にどこに置いたかがわからないから、あちこち探しているわけだ。

　当然だが、物は勝手に動いたりしない。だから、誰かがどこかに置いた場所にあるはずだ。探し物をなくすには、最後に置いた場所がわかればいい。つまり、最後に置く場所を決めておけばいいのだ。

　朝、出勤するとき、「携帯電話がない！」「財布はどこだ？」「手帳が見当たらない……」。そんな経験はないだろうか。こんな状況を回避するには、携帯電話を置く場所、財布を置く場所、手帳を置く場所を決めておき、帰宅した際に置くべき場所においておけばいい。そうすれば、探し物をすることがなくなる。

　会社の仕事でも同じだ。しょっちゅう探し物をしている人は、最後に置く場所を決めてみるとよい。きっと探し物をする時間が激減するはずだ。

1-7

常識打破は命がけで取り組め

　改善リーダーは、ただ現場で改善すればよいというものではない。現場改善を通して、管理者の意識に変化を与えることが重要だ。

　もう30年前になるが、当時の勤め先である千葉の事業所で、トヨタ生産方式の指導を受けることになり、筆者がその推進責任者になった。そのとき、トヨタ生産方式の指導者に呼ばれ「トヨタ生産方式は生半可には成功しない。もし近江さんが命がけでやるならトヨタ生産方式を教えてやる」と言われた。命がけとは全力投球すればよいのだと考え、「命がけでやります」と答えた。実は、この一言が筆者のその後の人生に大きな変化を与えることになった。1人の製造管理者が大きな発想転換をする契機になったのである。

　当時、千葉事業所には4つの工場があり、トヨタ生産方式で生産性を30％向上させることになった。筆者は、その推進責任者となり、各工場から3人の専任者が選出された。

　そうして、月1回のトヨタ生産方式の指導で、1つの工場を6カ月間で生産性を30％上げる活動がスタートした。指導初期に、トヨタ生産方式の指導者より、夕食時「この1カ月間、近江さんはリーダーとして何をやったか」と問い詰められた。毎日、工場管理者と一緒に現場改善をやってきて大きな成果が出ているのに、なぜ、このような質問を受けるのか意味がわからなかった。「近江さん自身、よくこの意味を考えなさい」という指示だった。

　その後、活動を進めていくうち、徐々にこの意味がわかってきた。トヨタ生産方式は、ただ現場改善をすればよいのではない。頭の固い工場長（製造部長）

や製造課長に、どれだけ発想を変えさせる行動をして影響を与えたか、これが筆者、すなわちトヨタ生産方式の推進責任者の役割だったのである。

　従来のやり方がしみついている工場長（製造部長）に、生産性を上げるには「どういう考えで、どう行動しなければならないか」を考えてもらうことである。これが筆者に与えられた主要な役目であった。従来は、工場長は部下の課長に指示を出し、やらせるという感覚だった。これではダメなのである。工場長（製造部長）自ら、現場で改善するリーダーでなければならないのである。

　当時、筆者はすでにトヨタ生産方式の特訓コースを受け、かつトヨタ生産方式の自主研究会（1日改善会）にも参加し、トヨタ生産方式の訓練は受けていたので、頭の固い管理者をトヨタ生産方式的な発想に転換させることができた。トヨタ生産方式の推進者に選ばれたのも、このような役割を担う特訓を受けてきたからであった。

　トヨタでは、工場で一番改善力のある人が工場長なのである。この改善力がなければ部下を現場で指導できない。数年後、筆者自身、工場長を務めたが、部下に直接現場で改善指導を行うことができたのである。

　トヨタ生産方式の指導者（日本で一番トヨタ生産方式に通じている人）が、筆者に言った「この1カ月間、近江さんは何をやったか」という意味がわかるようになったのである。

1-8

自分の知らないことに耳を傾けよ

「私たちはみな、自分の理解できることだけしか聞かない」
これはゲーテの言葉である。
　私たちは今、自分に理解できていないが知る価値があるものが多くあることに気づかないでいる。これを教えてくれるのが本の価値であるかもしれない。
　改善リーダーは、自分の知らないことがあることを意識し、その知らないことに耳を傾ける意識が必要である。常識打破の視点は、まさに自分の知らないことに隠されているのだ。
　かつて私の友人に、本を読むと自分の共鳴した部分にアンダーラインを引いて勉強になったと強調する人がいた。筆者は、そんな風な読み方は余り役にたたないとアドバイスした。
　あなたは本を読んで自分の共鳴するところを探しているに過ぎない。本とは自分の今まで知らなかったことを教えてもらうことに価値があるのではないか。自分が新たに発見し感銘を受けたところにアンダーラインを引くのではないかとアドバイスした。そして、前述したゲーテの言葉を教えた。
　彼は自分の本の読み方は間違っていたと反省し、喜んでくれた。
　しかし、その後、筆者は彼が読んだ本のどこにアンダーラインを引いているか確認はしていない。習慣を変えることほど難しいことはないからだ。ただ、その習慣を変えることに大きな価値を置くことで、改善リーダーの常識打破力がアップしていくのだ。

1-9
ヒューマンエラーは技能力アップで減らせ

　不良が発生したとき、ヒューマンエラーとして処理してしまうケースが多い。このヒューマンエラーの解決策として、ポカヨケ防止や指差呼称などがある。しかし、重要なことは技能力が向上するに従って、ヒューマンエラーは激減してくることだ。囲碁や将棋のプロ棋士はミスが少ない。これは力量が上がるとミスが少なくなることを証明している。この原理は作業者の力量が上がるにつれてミス（ヒューマンエラー）は減ってくることに通ずる。これが事実なのだ。

　確かに、前日深酒したり、家庭騒動があれば気持ちが乱れ、ヒューマンエラーを起こしやすくなる傾向はある。しかし、プロの作業者はこのような状況の中にあっても冷静に仕事を進める気持ちが必要であり、この「気持ち」も力量なのだ。筆者はこう考え、作業者にヒューマンエラーの防止指導をしている。だから、技能力アップがヒューマンエラーを激減させるのは真実の法則なのである。モノづくりにおいて発生する問題を単にヒューマンエラーだけで処理するのは好ましくないのである。

1-10

クレームの責任者を決めよ

　クレーム対策で最も大切なことは、クレームの責任者をはっきりさせることだ。工場で発生する問題のすべては人に起因している。クレームが発生した場合、その原因（流出原因と不良原因）を追究し、再発防止策を講じる。これはどこの工場でも行っている。この追究の仕方にも問題は多いのであるが、クレーム減に一番効果があるのは、クレーム責任者を決めることだ。

　筆者の指導の一例であるが、第一工場が部品工場、第二工場が組立工場で、外観検査を品質保証課が行っている場合、部品工場でつくったものが原因でクレームになったら第一工場長の責任とした。組立工場でつくったものでクレームになったら第二工場長の責任、外観に関するものでクレームになったら品質保証課長の責任とした。さて、ここからが重要であるが、クレーム1件に対して次のボーナスの10％減らすというルールをつくることだ。この比率は社長が決める。これが筆者のクレーム管理者責任論である。だから、クレームを10件出したらボーナスはゼロである。

　ボーナス減になったら家庭騒動になりかねない。これではクレーム責任者が可哀想という人がいる。しかし、このルールのポイントは、クレーム責任者がクレームを出さないため、自ら何をしなければならないかを真剣に考えてもらうことにある。クレーム責任者がクレームを防止するために、自ら何をしなければならないか、予防処置（クレームを出さない工夫）の価値に気づくことだ。ここに真の狙いがある。

　クレームが発生したとき、原因を追究し、再発防止策をとることを是正処置

という。ISO9001 で 8.5.2 項の要求でもある。筆者の指導体験では、この是正処置によりクレーム責任者を決め、ボーナス減の仕組みをつくり、実施した方がクレーム減に大きく貢献する。メーカーにおいては、すべて管理者次第なのである。

　クレームが発生したとき、改善リーダーは、神がクレームを出させたような評論家になってはならない。クレームの責任者を決め、クレームを減らす実践的なアクションをとっていかなくてはならない。

コラム

フォード社のベルトコンベヤ大量生産

　1910 年代にフォード社でフォード生産システムが生まれた。このシステムは現代のコンベヤによる流れ生産のベースとなった。これで大幅なコストダウンが実現した。これによって庶民にも自動車が手に入るようになった。これが生産システムの起点となった。

　しかし、現代はベルトコンベヤから 1 個流し方式（1 人の作業者が複数工程の作業を行う方式）に移行している。多品種少量生産の製造においてベルトコンベヤ方式より生産効率が良いので、特に組立作業においては 1 個流し方式が生産システムの主流になっている。ベルトコンベヤは各作業者間の工数バランスをとるのが難しく、生産効率が悪い。だから、コピー機の組立やパソコンの組立には 1 個流しが実施されていることもある。現在、食品工場においてベルトコンベヤが多く使われているが、これは効率を悪くし、1 人の作業者が複数作業した方が効率が良くなるのである。

1-11
マクロ戦略とミクロ戦術で生産性を上げよ

　改善リーダーは、①マクロ戦略と②ミクロ戦術という発想法を活用してほしい。**図表1-4**の生産性目標達成マクロ戦略の一例を見ていただきたい。右の□がミクロ戦術である。

　高い生産目標を達成するにはマクロ戦略をしなければならない。そして、このマクロ戦略で定めた個々の展開された目標を達成するのがミクロ戦術である。ミクロ戦術における共通の改善手段は「1日改善会」（詳細は3章15項を参照）である。この戦略と戦術の橋渡しが寄与率である。

　寄与率とは展開された目標が生産性向上（例えば25％）にどれだけ貢献するかを想定して決めていくのである。だから、戦術で定めた各々の目標を達成しても未だ生産性が25％向上しなかったら、マクロ戦略を見直し新しいミクロ戦術の項目を設定していかなければならない。

　このように戦略と戦術のサークルを回しながら生産性目標の必達を図っていくのである。

　これらの具体的アプローチについて『製造業の高レベル目標管理法』（日刊工業新聞社）に示してあるので是非活用してほしい。

第1章　自分の殻を破る改善力を身につける

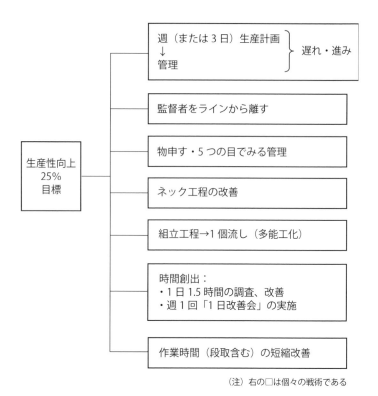

図表1-4　生産性目標達成のマクロ戦略とミクロ戦術（目標展開）

1-12

代案を出せ

　改善リーダーは、1つの改善案が進まないとき、代案を出して改善を進めなければならない。

　例えば、筆者が現場で段取作業を見て、現在30分かかっているが、外段取化（予め次に取り付ける金型を側に持ってきておく）で半減短縮できるとアドバイスする。しかし、改善を進めるメンバーは、どうしても外段取化だけでは10分しか短縮できませんという。しかし、外段取化だけで半減できなかったら、外段取化以外の本段取を含めて半減化するのだ。

　言われたことだけでなく、代案を出して段取の半減を実現する。言われたことだけやってできなかったでは改善が進まない。代案をどんどん出し段取時間の半減を進めるのだ。

　筆者は、かつてトヨタ生産方式の真の実践者に7年間（月1回）現場で指導を受けた。真の実践者が現場でアドバイスされたことを実際やってもうまくいかない場合がある。このとき、うまくいかない理由を説明しているだけでは次回から指導に来てもらえない。代案を出して検討しなければならない。代案でトライしてもうまくいかない場合がある。しかし、代案でトライしたこと自体が合格なのである。次に、この解決策のアドバイスをもらえるからである。

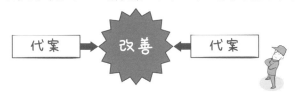

1-13

ベルトコンベヤを使うな

　現在、モノづくりにおいて、ベルトコンベヤはほとんど使われていない。しかし、食品工場では、ベルトコンベヤが使われているケースがある（**図表1-5**）。

　例えば、7名の作業者が、1つの弁当容器に1つずつお惣菜を入れていく工程がある。7つのお惣菜を入れるのに、4秒かかっている。だから、1つの容器にお惣菜を入れるのに［7名×4秒＝28秒］かかっている。

　この改善では、"1個流し"を採用して、1人が7つのお惣菜をすべて入れるようにする。そうすると、7つの惣菜を入れるのに7秒でできる。これにより、生産性が4倍アップする。もちろん、ベルトコンベヤを撤去し、各作業者が手

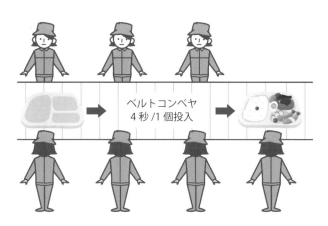

図表1-5　弁当の惣菜セットライン

早く惣菜をセットできる作業台を設置した。この食品工場は、長い間ベルトコンベヤでムダなつくり方をしてきたのだ。この食品工場の社長は、これが赤字の原因と気づいてくれた。

　ベルトコンベヤを使用している工場の改善リーダーは、その必要性について再確認してほしい。ベルトコンベヤという常識にとらわれていては、常識打破はできない。

コラム

ホーソン工場の作業者動機づけ

　1927年アメリカのウエスタンエレクトリック社の電話交換機の組立作業実験である。

　実験はメイヨー（G.E.Mayo）が行った。5人の女工さんを選び、まず照明を暗くして作業をやってもらったら生産高が上がった。次に、照明を明るくしたら、また生産高が上がった。この種の実験を通して、メイヨーは女工さんがやる気になっていたら作業環境に関係なく生産性が上がることを発見した。これが行動科学（やる気を持たせる学問）に大きな貢献をした。これは重要な発見だった。

　筆者は中小メーカーへJIT（時間指示）の指導をしているが、この時間指示が作業者にやる気を持たせる動機になっている。遅れたら取り戻す意欲を出してくれる。実はホーソン工場の実験結果と評価については、種々の批判もあるが、筆者は指導体験を通して素直に作業者の意欲によって生産高は上がっていくことが真理であることを知っている。

1-14

組立作業の1個流しラインをつくれ

　組立作業を行っている工場ならば、改善リーダーは**1個流しライン**をつくらなければならない。

　筆者指導の1個流しラインの事例を示す。従来方式は、組立1、組立2、検査、梱包の4工程に1人ずつ作業していた。**図表1-6**を見てほしい。改善前は、各工程の間には仕掛品が多く積み上げられていた。研究所における試作品をつくっているように、作業にリズム感のないものだった。実績を調べると、1個製造するのに40分を要していた。

　1個を製造する時間を半減（20分）にするため、1人が全工程できるように訓練してもらい、U字ラインで1個流し作業ができるようにした。

　1個つくる時間は一挙に7分30秒に短縮され、さらに改善を進め、現在は150秒で作業を行っている。飛躍的改善例である。1人1個ずつ、全工程の作業をすることにより、工程間の能力アンバランスによるムダや取り置き（ワークを取ったり置いたりするムダ）のムダが除かれて生産性が大幅に向上した事例である。

　1個流しラインを構築するには、作業者の多能工化が必須である。十分な教育・訓練を行うことも重要である。

1-14 組立作業の1個流しラインをつくれ

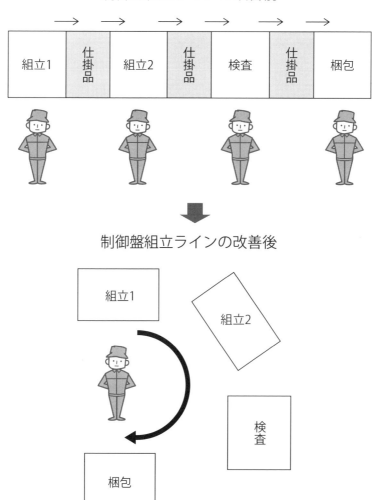

図表 1-6 制御盤組立ラインの改善

1-15

標準時間を決めよ

　中小メーカーにおいては、標準時間を定めないで、作業者に仕事をやってもらっている。ここが問題である。監督者自身が作業に埋没してしまっているケースが多く、本来の監督者業務が行われていない。ここに最大のムダがあるのだ。

　標準時間は一番早い人の時間で決めるのが合理的であり、作業者の力量の平均時間で決めるのは適切ではない。通常、作業を一番早く正確にできるのが監督者である。そうでなければ、作業者にやってみせ、訓練はできない。

　例えば、ある作業者が未だ監督者レベルに届かない場合は、監督者のレベルに1割増の時間で作業をしてもらうのである。そして、監督者のレベルになるように訓練していくのである。これが監督者の主要な役割である。

　作業の標準時間を決めて、はじめて作業者の正しい力量評価ができる。力量評価には2つある。1つ目はリーダーの標準時間に対しての上乗せ率で決まる。2つ目は、この定められた標準時間での業務の達成度である。

　監督者は1日も早く監督者の標準時間で作業させる訓練をしなければならない。そして、監督者の標準時間の短縮改善を進めていくことだ。

監督者の役割
作業者の力量を上げることにある

1-16

ネック工程前の置場を管理せよ

　ネック工程とは、一番能力のない工程である。だから、この工程前の置場には必ず加工するものが置かれていなければならない。といって、ネック工程が消化する以上のものを置いていてもムダである。これを実現する方法がネック工程前の置場管理である（**図表1-7**）。

　この置場管理を説明しよう。この置場には、ネック工程が加工する2時間分＋2時間分が置いてある。ネック工程が加工を始めて、残りが2時間分になったら、ネック工程の前工程は2時間分つくり補給する。ネック工程は置場に残っている片方の2時間分の製造を行う。この2時間分の加工が終わるまでに他方の2時間分が補給されているので、ネック工程で加工するものが欠品になることはない。この場合の補充方法は、発注点が2時間分で、発注量が2時間分に相当する補充方式である。これは、ネック工程の置場が前工程へ生産指示を出す仕組みである。だから、この置場で残りが2時間分（発注点）になったら、

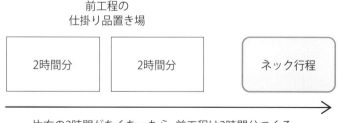

図表1-7　ネック工程前の置場管理

前工程へチャイムやパトライトで知らせるようにする。このように小道具を使って、すなわち、わずかなお金を使って目で見てわかる仕組みをつくるのである。この発注点を2時間分から1時間分に減らしていけば、ネック工程前の仕掛量を減らせるのである。

このように、改善リーダーはネック工程を見極め、その置場を管理していく仕組みを構築していくのだ。

コラム

エマーソンの能率尺度

テイラーは標準時間の元祖であるが、その弟子ともいえるエマーソンは、工場が良い仕事をしたかの尺度である「能率」を考えた。能率は、標準時間と実際に要した時間の比率を表したものだ。

$$能率 = \frac{標準時間のトータル}{実際に要した時間}$$

しかし、この能率は、例えば仕掛品の量を増やすことになる欠点がある。わかりやすく言うと、各工程間に仕掛品の量が多いと、この能率が上がってくるのである。

そこで、筆者は、この能率の欠点をカバーするため、材料費や仕掛品へ配慮し、売上も含めることで、真の工場状態を示した付加価値生産性という尺度を中小メーカー向けに使用している。中小メーカーに直接能率は適用しづらいが、エマーソンが生産性の1つの尺度を考えたことは特記点であるのだ。

1-17

機械故障復旧時間を決めよ

　中小メーカーでは機械が故障したとき、修理担当者（製造管理者やリーダーが多い）が修理にあたる。このとき、壊れた機械を直すのだから、直った時間が直ったときととらえている修理担当者が多い。これは間違いなのである。

　A機械が故障したら30分以内に直す、B機械が故障したら40分以内に直す、このように機械別に修理時間を決め、3～4カ月でこの時間で直せるように修理法を改善していくのである。この考えが重要である。

　これはMTTR（Mean Time To Repair、故障復旧時間）のことであるが、この時間を決めることが大切なのだ。なぜなら、これで生産性は上がっていき、また、この復旧時間を決めれば、故障しても納期遅れになることはないからだ。仮に、この復旧時間に直らなかったら、修理担当の責任である。この修理力がないと専門業者に依頼して、1日6～7万円もとられてしまう。まず、事後保全（故障してからの保全）であるが、この修理時間を決めて守ることである。実は、この修理時間を決め、守ることは予防保全（機械が故障しない保全活動）への第一歩なのである。

　故障した機械を早く直すことが保守力を上げるのである。この保守力も改善リーダーの一要素である。

1-18

組立工数を算定せよ

　改善リーダーは、組立工数を算定しなくてはならない。筆者の指導事例であるが、例えば金型を構成する部品については、製作工数は容易に算定できる。しかし、20年間、金型組立をやってきた職長は、新規の金型組立工数は算定が難しく、やってみないとわからないという。金型の大きさや種類によって、金型を構成する部品数は20から150あるからだ。もし、算定する方法があったら教えて欲しいと筆者に圧力をかけてきた。

筆者「それでは実際にやってみましょう。職長、金型組立図と部品リストを持ってきてください」

　職長は金型組立図と部品リストをテーブルに置いた。

筆者「まず、最初に組み立てるのはどれですか？」

職長「上型にコア部品をつけます」

筆者「この工数は？」

職長「30分です」

筆者「次はどの作業ですか？」

職長「スライド部品、ブロック部品、スライド受部品です」

筆者「この工数は？」

職長「3部品で70分です。これで上型への部品取り付けは終わりです」

筆者「次は下型ですね。この6つの部品取り付け工数はどのくらいですか？」

職長「90分です」

筆者「次は上、下型の取り付けですね。これには9部品あります。この工数は？」

1-18 組立工数を算定せよ

職長「一部調整も入るので、150分くらいかかります」
　筆者はこのように職長に1部品の取付順序と工数を聞いていった。この組立は全体で480分すなわち6時間でできることが判明した。
　実際には設計ミスや部品の製作ミスがあり、部品再加工が入るので、この時間を2時間として8時間あれば組立できることがわかった。この金型は、40部品であり、小型に属するものだった。職長も、8時間でできることを納得してくれた。このように、机上の検討で1つひとつ組立を想定していくと新規金型組立の工数算定はできるのである。
　改善リーダーは、やってみないとわからないですませるのではなく、どうすれば算定できるかを考え、具体的に算定していくのだ。

1-19

外注に依頼せず内製化せよ

　多くの工場で外注や協力会社に加工依頼をしているが、単価が安いという理由だけで外注に出してはならない。社内の生産能力が満杯だからやむなく外注する、という基本を守らなければならない。とにかく外注に出す原則は自社技術ではできないもの、生産量の問題に限定しなければならない。

　日本のメーカーは概して外注に甘い。客からの納期が5日なのに外注にはまとまった量を10日でつくらせているケースが多い。この分、仕掛品在庫が増えてしまう。生産性を向上させ、浮いた要員に外注加工していたものをやってもらえばただである。

　ひどいケースは受注が落ち込み社内の人の仕事がなくなっているのに外注している場合がある。とにかく、なるべく外注に出さない方向で考えることだ。仮に単価が安いから外注に出すというなら、全部外注に出せと筆者は忠告している。

　また、外注に依頼する担当は2年間以上担当させてはいけない。長くやっているといつの間にか協力会社と癒着ができてしまい、協力会社の利益代表になってしまう。だから、そのような人は協力会社から給料をもらいなさいと社長へアドバイスしている。

　携帯電話用部品を製造している中堅メーカーでの指導事例である。外注11メーカーへ月当たり5000万円依頼していたものが内製ですむことがわかった。それは生産計画責任者が協力会社11社の稼働率を高める配慮で、必要以上のものを依頼していたのが判明した。とんでもない配慮だった。これは会社に損害を与える犯罪である。

1-20

検査は品質保証という付加価値を生む

　モノづくりの面からすると、検査は付加価値を生まないととらえる見方が普通である。

　しかし、筆者は品質保証面から検査は付加価値を生むととらえる。付加価値とはお金を生むことである。その理由は2つある。1つは、検査は品質保証上絶対に必要であること、もう1つは、検査員のやる気を高めることである。検査員に、「あなたのやっていることは付加価値を生まない」と言ったら、やる気をなくしてしまう。

　確かに、モノづくり視点でみると、検査は付加価値を生まない。しかし、上記2つの視点から検査は付加価値を生むととらえるのが建設的理解である。だから、検査は顧客に不良を渡さないための重要な付加価値を生む仕事なのだ。

品質保証という付加価値を生んでいる検査！

1-21
固有技術を知らなくても不良低減や生産性向上できる

　筆者は今まで、350社以上の中小メーカーを指導してきたが、管理者や監督者は不良低減や生産性向上させるには、そのメーカーの固有技術を知らないとできないと暗黙のうちに考えている。

　例えば不良低減を考えてみよう。ある製品の不良率が3％（100本つくると3本不良になる）とする。技術力のある人は、3％不良の原因は何かとすぐに固有技術のアプローチで原因を追究したがる。だから、なかなか原因が見つからない。このケースでは97％は良品ができている。この情報も活用しなければならない。ここに着眼しなければならない。

　固有技術力を知らなくても、"3％不良"と"97％良品"を比較して、このつくり方の違いを見つけていくのである。この見つけ方に固有技術力は必要ない。この違いを見つける観察力があればよいのである。**不良と良品の違い**がわかれば原因が特定でき対策を打てる。ここが重要なのである。

　「事象に学ぶ」が磯部先生のKI法アプローチなのである。筆者の指導体験によれば、なまじ固有技術力を知っていると、逆に事象を正しく把握ができないケースが多い。固有技術という固定観念が事実認識を鈍らせる。固有技術を知らなくても、事象を正しく観察する力を持っていれば大胆に、かつ飛躍的に不良低減や生産性向上を進めることができるのである。誤解しないように、固有技術を知らないほうが良いと言っているのではない。最終的には固有技術力と事象観察力が相乗効果を発揮し、改善速度を増していくのである。

　筆者は、かつてメーカーに在職時、6年間生産技術業務を体験したが、この

とき事象に学ぶというKI法アプローチを知っていたら、さらに生産技術活動が活性したと思っている。ここに品質管理の事象を知るというところから出発する重要さがあるのである。

指導時によく中途採用された管理者が今はこの中小メーカーの技術を勉強中との返事が返ってくるが、あまりこの技術力習得にこだわらず、いきなりKI法アプローチで不良低減に取り組むのが好ましい。このプロセスで、かえって技術力を習得できてくるのである。

コラム

フレデリック・テイラーの科学的管理

テイラー（F.W.Taylor 1856〜1915）は標準時間に着眼した科学的管理の創始者である。テイラーは各仕事について、1日の標準作業量を設定し、標準時間を決めて作業をすることを推奨した。

しかし、テイラーの標準時間は一流労働者の最良速度で作業することを意味し、過度の労働能率を強制するものと非難され、実際には採用されなかった。ただ、「標準時間」を打ち出したことが画期的発想であった。このテイラーの科学的管理の発想は、今から約100年前であるが、この考えがIEやJITに受け継がれている。

1-22

改善時間をつくれ

　改善は目標達成させる武器である。この改善を行うには、改善する時間をつくり出さなければならない。改善リーダーは、改善をするための時間をつくり出さなくてはならない。この時間をつくり出す方法が、以下2つの「時間創出法」である。
　①1日：1〜1.5時間の改善時間をつくる
　②1週間に1回、5時間以上かけて行う「1日改善会」の時間をつくる
　中小メーカーの管理者は、日常業務に追われ、この改善時間をつくることに気づいていない。この改善時間をつくらないと、大きな目標は達成できない。管理者が日常業務だけに埋没していたら赤字化に向かってしまう。とにかく、管理者の考えを変えて改善する時間をつくることだ。まず、管理者は生産性を大幅に上げる目標を設定し、これを必達させなければならない。そのためには、改善時間をつくり出すことだ。
　「目標達成度は、改善投入時間に比例する」これは筆者の体験法則である。だから、目標を必達させるには、改善時間をつくり出し、改善を進めるしかない。目標未達の原因は、改善時間が少ないことに尽きる。
　なお、1日改善会については、第3章15項を参照してほしい。

1-23

製造機械は自社で改造せよ

　自社製品をつくるのに必要な製造機械は、専門メーカーから購入するのが通常である。しかし、よく考えたら同業他社もお金を出せば、その製造機械を購入できるので、モノづくりにおいて他社差別ができない。

　他社差別するには、購入した製造機械を社内で改造することだ。例えば、A機械を購入したら、製造効率を上げるために20カ所改造してから製造するという発想である。その改造はつくる製品によって改造個所や改造方法は異なる。場合によっては、機械メーカーに改造点を指示して購入してもよい。要は、これらのリアクションをとらない限り、他社差別はできない。

第1章 自分の殻を破る改善力を身につける

1-24

部材発注の発想を変えよ

　部材倉庫の多くは、倉庫いっぱいに部材が置かれている。部材発注者は下記を明確にし、即答できなければならない。
　①1つひとつの部材の残数がわかること。
　②ある数量になったら、いくつ発注するかの補充ルールが決まっていること。
　　または、この部材は何月末使用分の数量が表示されていること。
　部材はここに現金が眠っていると考える。かつてGEの元購買部長のマイルドローレンスの言ったことに耳を傾けることである。「**自分のお金で買うとしたらどういう買い方をするか**」である。購買責任者はこの思想を持たねばならない。
　発注者は欠品すると工場長からどなられるので、どうしても多めに多めにと発注してしまう。そして、部材ラックがどんどん増えてくる。最後はコンピュータシステム管理の立体倉庫に発展する。これは間違いなのである。部材はすべて床置きにするくらいの気持ちでのぞまなければならない。
　指導初期に購買責任者に、現在部材は何種類あり、在庫金額はいくらか質問しても答えられない。一体、こんなことでよいのか。資材管理は一つの学問領域である。筆者に言わせれば、時には欠品するくらいが正常なのである。これは資材購入をぎりぎり、すなわち自分のお金で買う気持ちでやっている証拠だからである。部材倉庫に置かれている部材の20％はすでに使用するあてのないものである。多くの中小メーカーはこの分離区分すらされていない。
　中小メーカーの管理者は、部材の倉庫管理はベテランの担当者に任せればよいと考えている。15年以上も倉庫管理している担当者が多いのは問題である。

1-25

改善班をつくれ

　改善を進めると人員削減ができる。しかし、単に削減するのではなく、改善により余った人たちの受け皿には「改善班」をつくることである。

　例えば、50人規模の中小メーカーでは、3～4人がよい。この改善班メンバーは、生産性を向上させるための治工具をつくったり、機械の保全力（機械故障の修理力を含め）をつけたり、不良低減活動をする。

　また、1日改善会のリーダーを務め、改善を促進する。そして、監督者や作業者へ改善力（問題を見つけ、解決する力）をつける指導を行う。重要なことは、この「改善班」を3年間体験したら、製造課長になる資格を与えることである。このように、改善力を鍛えた人を製造課長にすることによって、中小メーカーの改善風土が構築されていくのである。

　中小メーカーは毎年生産性向上の目標を決め、その目標を達成しないと生き残りを図れない。このためには、この目標を達成できる改善力の育成が必要である。中小メーカーは、この改善力を高める"仕組み"がないことである。まず、生産性を向上させ、人員削減し、やる気のある優秀な人を中心に改善班をつくるのである。

　今、中小メーカーでは監督者が作業者になっていて、機械故障の修理力がない。また、不良を減らす力が弱いのが現状である。改善リーダーは、改善班をつくり、工場の改善速度を上げてほしい。

1-26

段取班をつくれ

　改善リーダーは、段取作業について正しく理解しなくてはならない。モノづくりにおいて、段取中はお金を生まない時間帯であり、段取作業をいくらやっても生産性は上がらず、利益は増えないのだ。だから、段取作業を早くできる人が段取班をつくり、とにかく段取時間を早くすることにより、生産性を上げていく。

　作業者を多能工化するため、作業者に段取時間を覚えさせる教育・訓練をしているケースもあるが、これでは生産性は上がらない。小ロット生産へ移行することはできない。このためには、段取作業を早くできる人を中心に、段取専任班をつくるのが知恵なのだ。

　このメンバーは、朝から1日中、段取作業をしている工程を渡り歩く。中小メーカーの管理者は、1回当たりの段取時間を短縮するのではなく、段取回数を少なくすることばかり考えている。ここが問題なのである。段取時間を10分以下にすることをシングル段取という。このシングル段取を目指して、徹底的に段取時間を短縮していくのだ。

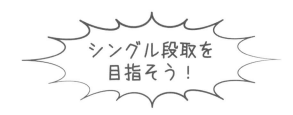

シングル段取を目指そう！

1-27

製造条件を見直せ

　リードタイム短縮は段取時間を短くすることによって大きな効果をもたらすが、製造条件そのものをリードタイム短縮する視点から検討を加えていく必要がある。これは1つの大きな盲点なのだ。改善リーダーはここに気づかなければならない。

　例えば、熱処理速度が20cm/minで決められている。また、乾燥時間は100℃で3時間と決められているとしよう。20cm/minは初期段階（試作時）では、この速度なら特性保証上問題はないという視点から決められ、現在もこの速度で作業が進められている。しかし、初期段階では少しでもリードタイムを短くしようとする面から検討されていない。今後は、この視点から速度はどこまで上げてもよいか検討が必要である。

　実際には22cm/minでは問題ないことが確認された。次に乾燥時間についても然りで、100℃で3時間を、100℃で2時間でも問題ないことが確認された。

　このように、製造条件を初期段階で決めるとき、限られた時間内で特性保証面を主体に検討し、リードタイムを短くする視点から決められていない。だから、リードタイムを短くする視点から現在の製造条件の総点検が必要である。ほとんどの管理者はここに気づいていない。リードタイム短縮の価値認識がないからである。

1-28

ネック工程の能力を向上せよ

　ネック工程能力向上の一番重要なことは、1日24時間フルに機械を稼働させることに尽きる。この点に気づいていない管理者は多い。8時間（1直分）しか機械を稼働させないで、**ネック行程**とは言ってはならない。実は、中小メーカーでは8時間しか機械を回さないで設備増強したいと社長に訴えているケースが多い。結論から言うと、24時間機械を回して稼働率が85％以下になっていれば、ネックの扱いをしていることになる。稼働率はネック工程に適用する用語で下記が定義となる。

$$稼働率 = \frac{実際の生産量}{24時間回してできる生産量}$$

　そこで、稼働率を上げる第二の改善は、段取時間を半分以下にすることだ。24時間のうち、段取時間が20％〜30％占めている。段取時間を半分にしたら、稼働率は10〜15％上昇してくる。これは当たり前の事実である。

　ネック工程は24時間機械を回すことと段取時間の半減で、稼働率85％を実現するものだ。稼働率をさらに上げるには、製品の加工サイクルタイム（製品1個加工する時間）を数％短縮トライする。通常、サイクルタイムを短くすると品質が落ちると考えられているが、数％は短縮できるものだ。その理由は、その製品の試作時に今のサイクルタイムで品質が確保され決まったもので、十分検討されていないケースが多いからだ。だから、サイクルタイムを数％短縮トライしてみることだ。製品の完成品出来高はネック工程の出来高で決まる。

第2章
思い込みから脱出するための生産管理の基礎知識

2-1

トヨタ生産方式2つの柱

　改善リーダーが改善力を高めるためには、トヨタ生産方式の手法を学ぶとよい。ここでは、トヨタ生産方式の2つの柱として最重要な手法を紹介する。改善リーダーは、この手法のポイントを理解してほしい。

(1) **JIT**

　JIT（Just In Time、通称ジット）とは、「必要なものを、必要なだけ、必要なときに、必要な工数でつくる」ことである。言葉の意味は、これだけであるが、これを具現化することがJITの構築なのである。

　ここで、ポイントは「必要な工数でつくる」ことだ。このJITを構築するには、**必要な工数でつくる生産計画**が必要なのである。この認識を持つことである。JITの素晴らしさは、具体的に適用していないとわからない。

　多品種少量生産型の工場には、かんばん方式はそぐわない。JIT生産計画を立て、実施するだけで、生産性は25％上昇する。その理由は、JIT生産計画が、付加価値密度を高め、かつ仕掛品を最小にするからである。さらに、生産リードタイム（製造の第一工程から完成品検査までの時間）を短くさせるので、生産性が上昇してくる。

　受注してから製造して出荷する直注方式を検討する必要がある。JITで好ましい直注方式がどこまで可能か、これをつきつめていくのである。

(2)自働化

「自働化」という思想は、トヨタ生産方式をつくった大野耐一氏の考えたものである。「自動化」にニンベンをつける、すなわち、「自働化」は、人の仕事と機械の仕事を分けることである。これは、機械がお金を生む仕事（働き：付加価値をつける）をしているときに、そこに**人間がいて監視していたらムダ**だという考えである。

例えば、機械が故障したら信号（パトライトの点灯かチャイムを鳴らす）を出すようにすれば、作業者は機械の側にいなくてよいことになる。機械が呼んだら、作業者が行動を開始すればよい。

通常、作業者が機械についている場合は、異常が発生したとき、材料供給が必要なとき、などである。機械が呼ばないときは、作業者は機械の側にいる必要がない。これが「機械ばなれ」である。

筆者は、JITや自働化は、活用するほど、その味がわかり、生きた活用ができるようになることを実感している。このJITと自働化は、手法というより、利益を生む実践思想と理解するのが適切である。トヨタ生産方式における2本柱のJITと自働化の思想を、どんどん応用拡大していく発想と改善が重要であり、ムダ（付加価値を生まない作業）とりが進んでいく。

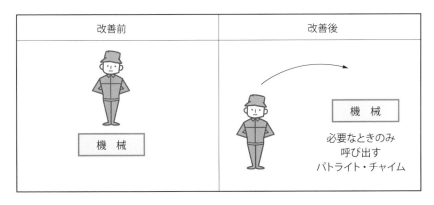

図表2-1　機械が作業者を呼ぶ

2-2

生産性目標を決めよ

　工場を改善するには、まず目標を決めなければならない。この大切さを改善リーダーは、理解していなければならない。

　最近、生産性向上を指導することになったA機械メーカーの話であるが、その社長が言うには、今までコンサルタントにお願いして工場の各工程のムダとり改善を行ってきたが、少しも生産性が上がらないとのことである。すなわち、決算が良くならないとのことである。その社長に聞いてみると、そのコンサルタントは、まず工場のムダをとることに重点を置き、目につくムダから徹底的にムダとり改善をしていくとのことであった。

　筆者は、社長に対して、このムダとりはムダですよとアドバイスし、ムダとりが狙いではなく、ムダとりは目標達成の手段ととらえることを説明した。まず目標を決めるところからスタートしなければならない。ムダとりの結果、生産性が上がるという考えは一見合理的にみえるが、実際はそうではない。間違いである。目標達成のため、大きなムダからとっていくのである。

　目標の設定によって、この目標達成を阻害している大きなムダからとるという重点指向が必要なのである。工場にはムダがいっぱいある。小さなムダをいくらとっても目標達成には貢献しない。工場改善には、まず目標を設定しなければならないのだ。「徹底したムダとり」の教えも目標達成のための手段として位置づけしなければならない。このように考えないと、ムダとりが改善ごっこになり、ムダとり自体がムダになってしまうのだ。

2-3

時間を入れた生産指示を出せ

　生産指示に時間が入っていないと、工場には"おばけ"が発生し、生産性が落ちてしまう。この代表的な"おばけ"には2つある。

　1つ目は、例えば1人の作業者が一枚印刷するのに30秒かかるとする。1日の勤務時間を450分とすると、1日で900枚できる。しかし、実際は450枚しかできていない。これはどうしてだろう。450分のうち、225分しかお金を生む仕事をしていない。このお金を生まない仕事を"おばけ"という。1時間に120枚印刷しなさい、の指示を出せば、ちゃんとこの枚数をやってくれる。この指示がないと、作業者は職場を離れ、お茶を飲みに行くとか、品質問題が発生すると現場事務所にいるリーダーに相談に行くので、この間印刷ができない。この"おばけ"をなくすには、時間指示するしかない。

　もう1つの"おばけ"は、例えば溶接のベテランが1カ所溶接するのに5分でできるとする。しかし、この5分でやるという指示がないと、7分とか8分もかかっているケースが多い。これが、ベテラン作業における"おばけ"であり、ベテラン作業者に対しても時間指示をしなくてはならない。

　このように、作業には2つのおばけが存在し、生産性を落としているのである。おばけの2つを示したが、時間指示がないと、どこに問題があるかをすべて隠してしまうのである。"おばけ"はこの2つ以外にも多くある。だから、時間指示がないと"おばけ"が見えなくしてしまう。ここに気づいてほしい。

　改善リーダーは、この2つのおばけを退治しなければならない。

2-4

現場リーダーを作業に埋没させるな

　監督者は現場から離れ、本来の監督者業務を行わなければならない。しかし、実際は監督者が上級作業者として現場に埋没しているケースが非常に多い。監督者に現場から離れない理由を2つ挙げてみよう。1つは監督者しかできない作業がある。もう1つは自分が作業に入らないと納期遅れになるという。この2つこそ、監督者がラインから離れてできることである。改善リーダーは、ここに気づかなければならない。

　「また、A君は作業標準を守らないで不良を出してしまった」と嘆いている監督者がいる。そして、筆者にこのような場合、どうしたらよいかと問いかけてくる。「A君が作業標準を守れるまで指導するのが監督者の役割です、あなたは監督者としての作業標準をやってみせる指導ができるのですか？」これが筆者のアドバイスである。

　不良は作業者の作業のやり方を通して監督者が出している。これは、管理者が監督者へ正しい監督者の役割を教えていないからだ。「正しい作業をやってみせ、やらせて、できるまで教える」これこそ監督者の役割だ。だから、監督者は自分が作業者になり、作業を行っていたら、部下の仕事のやり方を見て指導はできない。

　『現場長はラインからはずれろ』（日刊工業新聞社）は監督者の正しい役割、魅力ある役割の詳細に触れてあり、是非一読してほしい。監督者を幌馬車に例えるなら、御者なのである。御者がいないで、馬だけで走らせて目的地に到達できるだろうか。

2-5

総合リードタイムを短縮せよ

　総合リードタイム（受注から出荷までの日数または時間）を短くするのがモノづくりにおける真髄であるが、このことは意外に知られていない。

　総合リードタイムは、**図表 2-2** に示すように、**準備リードタイム**（受注から製造開始までの日数または時間）＋**生産リードタイム**（製造開始から検査完了までの日数または時間）＋**出荷リードタイム**（検査完了から出荷までの日数または時間）である。

(1) 準備リードタイムの短縮

　出荷日が準備リードタイムから十分余裕がある場合は、受注後部材を発注し、入ってきてから製造をスタートする。こうすれば部材の在庫を最小で管理できる。しかし、これでは準備リードタイムは短くできない。部材は、在庫補充方式で確保しておき、受注したらすぐに製造着手することが準備リードタイムを短縮させる。このように、補充方式で部材の在庫を持つことは、全体最適の実

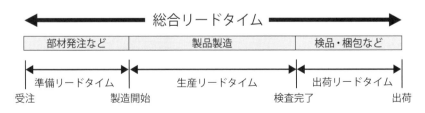

図表 2-2　総合リードタイム

現のためにはやむを得ない。

(2) 生産リードタイムの短縮

　生産リードタイム＝各工程の正味加工時間＋各工程間に停滞している時間（仕掛品の量）で表される。通常、各工程間に停滞している時間は、各工程の正味時間の10倍ある。だから、生産リードタイム短縮は、工程間の仕掛品の量を減らすことである。これには、生産計画の立て方で減らすか、または製造で工程間の仕掛品を減らすルールをつくることで減らしていく。

　このようにして、総合リードタイムの短縮を図っていく。総合リードタイムを決めたら、顧客に対して、受注後何日（または何時間）以内に工場出荷できます、と提案していく。これが顧客感動であり、同時に生産性が向上し、コストダウンが図れる一石二鳥を実現する。
　改善リーダーは、総合リードタイム短縮の価値を理解しなくてはならない。

準備リードタイムと生産リードタイムをそれぞれ短縮すること

2-6

現場を正しく観察せよ

　工場の問題はすべて現場にある。だから、現場を正しく観察して問題を発見することが大切である。現場観察の第一歩として、**図表 2-3** を活用してほしい。現場速効観察法の 1 ～ 12 までをよく見ながら、工場をじっくり観察することである。

1. 物の正常性は ・今、ここに置かれているのは"正常か"	4. 日産計画（時間軸で生産計画を示したもの）の作業進捗"遅れ・進み管理"がされているか	9. 在庫状況と在庫からの出荷比率は
2. 付加価値（お金を生む）を生む仕事か	5. ネック工程はどこか	10. クレームや社内不良状況 ・管理者が出している
3. 人の配置に重複はないか（必要以上の配置をしていないか） ・自働化（機械が仕事をしているとき人が監視していないか） ・動き、働き ・助け合いの仕組みがあるか	6. 管理者・監督者が作業に埋没していないか	11. 設備故障状況 ・故障復旧時間（MTTR）は決まっているか
	7. 作業動作に躍動感があるか ・作業者への動機付けはされているか	12. 目で見る管理 ・出荷管理板 ・部材入荷管理板など
	8. 生産性の尺度が定められているか ・出来高アップか省人か	

図表 2-3　現場速効観察法

改善リーダーには深い観察力が要求される。深い観察をすれば、問題が浮き彫りになってくる。改善は、観察→分析→改善のステップで進めていくのである。この現場速効観察法は、深い観察への多くのヒントを与える。筆者は、工場を一巡することで、生産性を飛躍的に上げる具体的手段を発見することができる。現場速効観察法の1つひとつの重量感を味わって現場を見てほしい。

コラム

シングル段取化

シングル段取化は、トヨタ生産方式を確立した大野耐一さんと仲の良かった新郷重夫氏（IEの専門家）が『トヨタ生産方式のIE的考察』の中で提唱した。

現在、中小メーカーにおける段取時間は長く、1～3時間を要しているケースが多い。段取中はお金を生まない。また、中小メーカーにおいて月の作業時間の20～30％は段取時間が占めている。段取時間を半分にすれば、生産性は10～15％上がる。中小メーカーの経営者や管理者は、段取の価値認識が欠落している。

通常、段取時間は外段取化（次に交換する金型や刃物を用意しておく）で大幅に短縮する。新郷氏はさらに内段取（実際に段取している時間）の作業も外段取化に移行する改善をせよとアドバイスしている。これは素晴らしい発想である。今の管理者はほとんどこの発想に気づいていない。トヨタの教えに「段取時間の短縮に始まり、段取時間の短縮に終わる」がある。新郷さんの教えは、次の2つである。

①シングル段取化
②内段取を外段取へ技術改善

この2つは、メーカーにとっては重要な改善ベクトルであり、管理者はこの技術改善が必要である。

2-7

ワークサンプリングで稼働を分析せよ

　機械の稼働率を簡単に調べる方法として、ワークサンプリングがある。

　例えば、1時間に1回20台の機械を回って機械が切削中なら○、段取中は△、機械が止まっていたら×をつけるのだ。このとき、調べる人は機械のことをわかっていなくても構わない。むしろ、わかっていない人が調べる方が好ましい。なまじ機械のことを知っていると迷ってしまうことがあるからだ。

　これらのサンプリングを10回行い、○が4個あれば稼動率40%となる。この結果は**図表2-4**の稼動率調査表の通りである。これは機械加工と組立をしている中小メーカーの例である。

　工場長は機械工場の能力が不足していて、組立する部品の加工が間に合わないとのことであった。しかし、筆者は稼動率が0～50%と低く、この機械工場の生産計画がないので、機械工場の能力を活かしきれていないことを指摘した。つまり、工場長が思っている機械工場の能力不足というのは単なる感覚であり、実際はまだ機械工場には余力があるということがわかったのである。

　このように、機械の稼働率を調べることで、改善すべきポイントを正しく絞っていくことができるのだ。

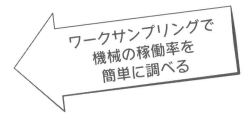
ワークサンプリングで機械の稼働率を簡単に調べる

第2章 思い込みから脱出するための生産管理の基礎知識

稼働率調査表

切削中：○
段取中：△
停止：×

順序	機械種別	8:30	9:30	10:30	11:30	12:30	13:30	14:30	15:30	16:30	17:30	18:30	稼働率
1	マシニング	×	×	×	△		○	○	○	○	×	○	50%
2	マシニング	△	○	×	△		○	△	○	△	×	△	30%
3	マシニング	×	×	△	○		△	○	△	○	○	△	30%
4	マシニング	×	×	△	△		×	△	×	×	○	×	10%
5	マシニング	×	×	○	×		×	×	×	×	○	△	10%
6	マシニング	×	△	○	△		×	×	×	△	△	△	20%
7	マシニング	×	○	△	△		○	○	○	△	○	△	40%
8	マシニング	×	○	○	○		△	△	○	△	○	○	50%
9	マシニング	×	○	△	×		×	×	△	×	×	△	10%
10	マシニング	×	△	○	○		×	○	△	×	×	×	30%
11	マシニング	×	×	○	△		×	修理	×	×	○	○	20%
12	マシニング	×	○	△	○		○	○	○	○	△	○	60%
13	マシニング	×	○	△	△		×	△	△	△	○	○	20%
14	マシニング	×	○	○	○		○	○	○	○	○	×	80%
15	マシニング	×	△	○	△		×	×	×	×	×	△	10%
16	マシニング	×	○	△	△		△	×	△	×	×	×	10%
17	マシニング	×	○	△	○		×	△	×	×	○	○	40%
18	マシニング	○	△	△	△		×	×	×	×	△	△	20%
19	マシニング	×	△	○	△		×	×	○	×	△	△	20%
20	旋盤	×	×	△	×		×	×	△	△	△	△	0%
21	旋盤	×	×	×	×		△	×	△	△	○	△	10%
22	旋盤	×	×	△	△		×	△	×	×	○	○	30%
23	旋盤	×	×	△	△		×	×	△	○	○	○	30%
24	旋盤	×	○	○	△		○	○	×	×	×	○	40%
25	旋盤	○	○	△	○		○	×	△	×	△	△	40%
26	マシニング	×	○	○	○		△	○	△	○	×	○	50%
27	マシニング	×	×	×	×		×	×	×	×	△	△	0%
28	マシニング	○	○	○	○		○	○	○	○	△	×	80%
29	マシニング	×	×	×	△		×	×	○	×	×	△	20%
30	マシニング	△	×	○	△		×	○	△	○	△	△	20%
31	フライス	×	△	△	△		×	×	△	○	△	△	10%
32	フライス	×	×	×	○		×	△	×	×	×	×	20%
33	フライス	×	○	○	○		×	×	×	△	○	×	40%
34	旋盤	△	×	×	×		○	×	○	×	△	○	30%

マシニング平均　30.4%
旋盤平均　23.8%

図表 2-4　稼働率調査表（中小メーカー）

2-8
部品を揃えるのに クリティカルパスを活用せよ

　改善リーダーは、クリティカルパスを理解しなければならない。クリティカルパスをわかりやすい事例で説明しよう。

　例えば、A～Eの5つの部品でできている製品の組立開始日を7月10日とする。このために、部品類はその1日前の7月9日までに揃えなければならない。部品加工に要する日数を**図表 2-5** に示す。このとき、A品の加工日数は9日と一番加工日数が長いので、部品加工開始日は7月1日としなければならない。他の部品は、加工日数は9日より短いので、7月1日から7月9日の間につくればよい。

　この5つの部品加工の場合、加工に一番日数のかかるA品の加工日数をクリティカルパスという。このクリティカルパスは絶対に遅らせてはいけないのである。これが部品を確実に7月9日までに揃える重点管理ポイントとなる。

部品加工日数	
部品	日数
A	9日
B	5日
C	4日
D	3日
E	5日

← クリティカルパス（A行）

図表 2-5　部品の加工日数

このクリティカルパスの考えを活かすと、すべての部品類は9日以内に揃いやすくなり、組立計画日を遅らせずにすむのである。通常、金型部品数は50〜100ある。いくら部品が多くてもクリティカルパスの部品は遅らせてはいけない。改善リーダーは、ここを理解して、クリティカルパスを活用できなければならない。

コラム

ユニークアイデアを出す秘訣

マイケルポラニー（1891〜1976、ハンガリーの哲学者）はノーベル賞候補の物理学者から哲学者・文学者に転向した異色の学者である。

「我々は今気づいていることより多くのことを知っている」と主張した人である。

これは「改善対象物に潜入せよ」に通じるポイントである。つまり、今まで気づかなかったアイデアを発見できるということだ。非言語として眠っていたアイデアを言語化してくれる方法が「改善対象物への潜入」である。これはトヨタ生産方式の深い対象物の観察に合致している。そして、マイケルポラニーの「潜入」は西田哲学の重要用語である行為的直観「物となって考え、物となって行え　そうしたら物が真実を教えてくれる」に類似、または同一のことである。

筆者は以前から賢者は同じ考えにいたると理解していた。大きな改善（発見含む）をするには深い観察、すなわち対象物になりきり真の問題を把握しなければならない。マイケルポラニーの「潜入」と西田哲学の行為的直観「物になりきる」は同一視点であり、大きな改善（発見）には絶対条件である。

2-9 両手を活かせ

　改善リーダーは、作業者の両手が活かされているかを観察しなくてはならない。

　組立作業でよく見るケースであるが、例えばワークを左手でつかみ、右手でワークにキャップをつけている（付加価値をつけている）。この場合、左手はワークを保持しているだけで付加価値を生んでいない。そのワークを治具にはさめば両手で加工できる（さらに付加価値をつけられる）。

　最近の指導事例であるが、小型押出成形機のスクリューを抜いて清掃する作業で、作業者がスクリューを左手で保持し、右手でやりにくそうにスクリューを清掃していた。スクリューを治具にはさめば、両手でスクリューを清掃できる。今の半分の時間ですむ。当の作業者は何年もこの方法でやっているので、当たり前だと思ってやっている。これも一例であるが、左手は物を保持するものと無意識に思っている。これは左手が死んでいるムダなのである。すなわち、

左手は物を保持するだけになっている

付加価値を生んでいない。これに気づくだけで、両手を有効に活用できるのである。

　人の動作は単純でシンプルである。リーチ（手を伸ばす）、つかむ、使用する（例：ネジを締める）、手を移動し、元に戻す、という動作は、この繰返しである。動作分析によって時間は大幅に減らせるのである。

コラム

中小メーカー向けトヨタ生産方式

　中小メーカー向けトヨタ生産方式とは、お金をかけないで中小メーカーが6～10カ月で生産性を25％向上させる手法である。下記に示す7つのポイントで実現できる。詳細は『モノの流れと位置の徹底管理法』」（日刊工業新聞社）で学んでほしい。
　①目標：お金をかけないで目標達成
　② JIT ＋情熱
　③物申す
　④生産計画：強い監督者づくり
　⑤ 1日改善会
　⑥改善力ある人づくり
　⑦利益大

　テイラーの科学的管理法から歴史とともに工場管理手法は変化をとげ、この中小メーカー向けトヨタ生産方式まで進化をしてきたのである。100年以上に渡る背景を理解する必要はなく、この7つのポイントを実践することで工場の生産性は上がっていくのだ。テイラーをはじめ過去の偉人の功績に感謝するとともに、工場が生産性を上げる手法を「タダで自由に使える」というのは、現代の工場管理者は恵まれていると言えるのではないだろうか。

2-10

現品票で棚卸コストを
大幅に削減せよ

改善リーダーには棚卸作業を見直す視点を持ってほしい。棚卸業務は必要であるが、多くの工数がかかることが当たり前と考えている工場が多い。まるで毎月の税金のように固定費用と考えている。しかし、棚卸は現品管理することで飛躍的に簡略化できる。工場診断に行った会社の2例を紹介したい。

(1) **木材加工メーカー**

住宅の建築木材加工メーカーの部材倉庫には、数mもある木材がいくつも置かれ、中には木材置場の奥のさらに奥に置かれたものも多々あった。工場長に棚卸の頻度と工数を聞くと、毎月70名で半日かかっているとのことであった。確かに、奥に置かれた木材を数えるには、手前の木材をどかさなければならなかったりと、工数がかかることは想像できた。そこで、何が何個あるかを現品に表示する現品票の仕組みをアドバイスした（**図表2-6**）。この仕組みを

A木材現品票			
月 日	入 荷	出 庫	残
5月10日	20	−	40
5月13日	−	30	10
5月14日	20	−	30

A木材	
発注点	発注量
10	20

発注品と発注量を決めておき、現場で現品票を管理する

図表2-6　現品票

構築できれば、いちいち数える必要はなく、それぞれの現品票の残数だけをメモしていけばよい。だから2〜3名で十分足りてしまう。

(2)家庭用掃除用品メーカー

　製品が小さいものも含めると4万種類近くある掃除用具メーカーの倉庫には、たくさんのラックが置かれ、商品名が書かれたダンボールが無数にあった。倉庫担当者は、これだけ種類があると管理がたいへんなのでコンピュータシステムで管理していると説明してくれた。筆者が、コンピュータシステム上の数字と現品の数字はぴったり合うのか、と質問すると、合わないので結局棚卸をしているとのことだった。ここでも、何がどこにあるかを現品に表示する現品票の仕組みと、棚をカテゴリー分けして倉庫のレイアウト図を作成することをアドバイスした。現品で管理しておけば、コンピュータ上では足りているが実際は個数が足りずに欠品することもなくなる。棚卸コストが劇的に削減されるとともに、欠品も防ぐことができるのだ。

　ちなみに、同席していた管理責任者は、ここの倉庫担当者はベテランで、商品を見つけるのがとても早く正確であると教えてくれた。しかし、見つけるのが早く正確であるということは、探し物ばかりして探す能力が鍛えられたということである。そして、第三者から見ると何がどこにあるかがわからない状況である。倉庫担当者の見つける力が必要ない、つまり見つける必要がない倉庫が理想ではないだろうか。

2-11

5つの目で見る管理板

近年、コンピューターシステムで管理する工場が増えてきているが、目で見る管理板を設置することで飛躍的に生産性を向上できることは意外と知られていない。改善リーダーには、目で見る管理の価値を知って活用してほしい。なお、この5つの管理版を活用する具体的方法については、『モノの流れと位置の徹底管理法』（日刊工業新聞社）で詳細を解説しているので参考にしてほしい。

目で見てわかる5つの管理板を説明しよう。

①受注管理板

この管理板は、顧客にいつ、何を、いくつ納入するかを目で見る管理板である。受注状況を誰から見ても一目で把握できる。

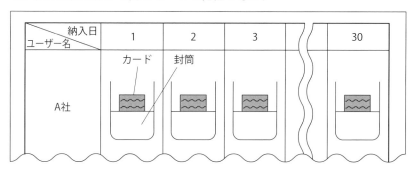

納期日の封筒（ポスト）にカードを入れる

 品名、数量、納期を示したカード

②部材・外注入荷管理板

　この管理板は、部材がいつ入荷するか、外注依頼品がいつ入ってくるかがわかる目で見る管理板である。部材の入荷状況を一目で把握することができる。

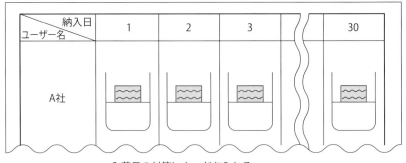

入荷日の封筒にカードを入れる
材料名、数量、入荷日を示したカード
カムアップシステムで入荷を確認する

③週生産計画管理板

　この週生産計画は、今週どの機械がいつ、何を何個製造するかを示したものである。機械の稼働予定を一目で把握することができる。

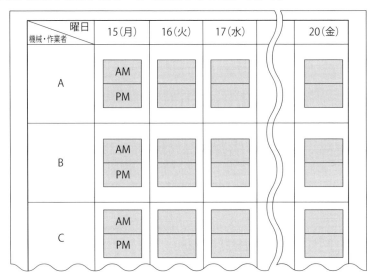

④日産計画書

作業者ごとに何時から何時まで何を何個つくるかの作業指示を出す。今日、各作業者が何をどこまでやるかを一目で把握することができる。

日次：		作業者：		
時間	計画	実際	差	備考
8：00～9：30	A製品 10	10	0	
9：30～12：00	B製品 15	15	0	
13：10～15：00	C製品 18	18	0	
15：00～17：00	D製品 10	8	－2	機械停止
17：00～17：30	D製品 2	2	0	

⑤出荷管理板

この管理板は、出荷便など、出荷の詳細を目で見る管理板である。いつ、どこへ出荷するか一目で把握できる。

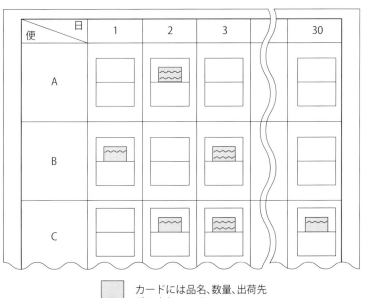

カードには品名、数量、出荷先が示されている。

2-12

点検項目と管理項目

　改善リーダーは、不良低減の1つのアプローチとして、点検項目と管理項目を知らなくてはならない。

(1) 点検項目
　点検項目とは、原因系で不良の原因を早期発見して処置する。わかりやすく言えば、製造条件通りに製品がつくられているかを確認していく項目である。点検項目は、点検頻度、点検方法、点検基準、および点検基準から外れていた場合の処置を明確にする。
　例えば、温度を点検項目とした場合、点検頻度は1時間に1回、点検方法は温度計の目視、点検基準は100℃±1℃、そして点検基準を外れていた場合は、2つの処置をする。1つ目は、この温度でつくった製品の品質に影響がないかを調査する。2つ目は、温度を100±1℃に入るように調整することである。正しい製造条件でつくれば良品ができるので、点検項目はこの製造条件で製品がつくられているかを確認していく。

(2) 管理項目
　管理項目は結果系で原因を早期発見し処置する。わかりやすく言えば、できあがった製品を見て製造条件（原因）に異常ないかを追究していく項目である。管理項目は管理頻度、管理方法、管理基準、および管理基準を外れた場合の処置を明確にする。

　例えば、プラスチック押出成形で、製品が寸法から外れていた場合、その寸法に加工する口金（原因）に問題ないかを確認する項目である。そして、口金が摩耗していたら、修理または交換する。そして、前の管理頻度から今回まで製品の合否を確認する。

　このように、2つの項目によって不良を減らしていくと同時に次工程へ不良を送らない"仕組み"を構築していくのである。この"仕組み"の運用によって不良は半減以下に激減していくのである。

　QC工程表に、工程ごとにこの点検項目と管理項目が組み込まれ、実行されていたら不良は最小限に抑えられているのである。

2-13

多品種少量生産型における
ポスト・イット生産計画法

　多品種少量生産型の工場では、ポスト・イット®（付箋）生産計画法が有効である。改善リーダーには、このポスト・イット生産計画法を知ってほしい。ポスト・イット生産計画法は、受注件数の1件1件に対して、工程設計し、各工程ごとにポスト・イットで加工工数を入れ、貼り付けていく。

　ポスト・イットの貼り付けは、毎日行う。受注期間（受注から出荷までの日数または時間）が短い場合の週計画は、3日計画または翌日計画になる。

　前工程が終了しないと、次工程は作業できないので、この順序を踏まえて、ポスト・イットを貼り付けていく。これが多品種少量生産型の生産計画をうまく進める秘訣である。1日の作業時間（この時間には段取替え時間を含む）は、460分（午前、午後10分休憩を考慮）なので、ポスト・イットの合計時間が460分になったら、翌日に計画する。

　機械が複数台ある場合には、別の欄を設けてポスト・イットを貼り付ける。毎日、受注した件数分、1件1件着実に工程ごとに貼り付けていく。まさに、生産能力を考えた実現できる生産計画なのである。この作業には、生産計画担当者が、約4時間を必要とするが、それだけの価値がある計画であり、これがなければ生産管理ができない。

　最初は時間がかかるが、慣れると2時間ほどで作業できるようになり、パソコンを使用する必要はなくなる。

※ポスト・イットは3M社の登録商標です。

2-13　多品種少量生産型におけるポスト・イット生産計画法

	日 15	16	17	18	19
レザー	50分　100分 100分　9分				
曲げ					
溶接					
検査					

図表 2-7　週生産計画（3 日計画、翌日計画含む）

2-14

大部屋化による省人

　現在行っている作業を少ない人数でできれば生産性は上がる。その1つの方法として「大部屋化」がある。改善リーダーは、この大部屋化により省人化を図ってほしい。

　従来は、1人が2台持ち、機械が6台なので、3人で6台持ちをしていた。大部屋化は、3人を1カ所に集め、何人で6台持ちできるかの検討をすること

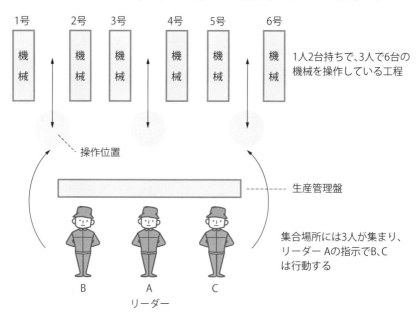

図表 2-8　大部屋化の考え方（管理盤の設置）

である。

そのためには、3人の前に生産管理盤（呼び出し管理盤とも言う）を設置する。ここが大部屋化（グループ化による助け合い）のポイントである。もし生産管理盤の前に常時2人いたら、1人を省人化することができる。

> **コラム**
>
> ## ギルブレスによる動作分析の価値
>
> ギルブレス夫妻（1858～1924）は、作業動作分析の元祖である。作業を、手を伸ばす、つかむ、運ぶ、組合す、使う、分解する、放す、調べるに分類し、各動作に時間を入れた研究を行った。
>
> 例えば、1m手を伸ばすと1秒と時間が決まる。10cm移動は0.1秒である。この類で、この動作分析はストップウォッチを使わずに各動作時間が決まる。ギルブレス夫妻は、このアプローチを発見した。これが後のIEやトヨタ生産方式に大きな影響を与えている。
>
> トヨタ生産方式の用語に「時間は動作の影」というのがある。これは作業時間を短くするには動作を変えよという教えである。筆者はかつてトヨタ生産方式の真の実践者より現場で特訓を受けたが、それには"両手を使え""歩行時間を短くせよ"がある。現在、動作分析はあまり使われていない。ストップウォッチで時間測定した方が改善の進み具合が早いからである。しかし、動作分析の考えは多いに役立つのである。工場管理者は一度はこの動作分析をトライし作業時間を短くする原理を学ぶべきだ。

2-15

ライン化を検討せよ

　改善リーダーには、ライン化という方法も知っておいてほしい。ライン化は、製品がどの工程を通して完成品にいたるかを明確にして、生産計画を立てやすくするものだ。

　図表 2-9 の製品製造のプロセスのように、どの機械でも加工できるケースがあるが、それだと、図表 2-10 に示すように、流れが混流して、生産計画が立

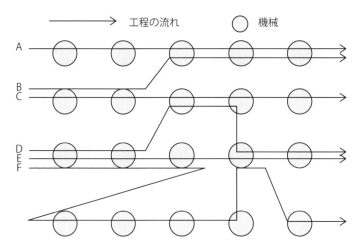

ライン化数の1つの目安として、以下のことがいえる
（現在はほとんど多品種少量生産型）
　・ライン化数：10未満 → 少品種多量生産型
　・ライン化数：10以上 → 多品種少量生産型

図表 2-9　製品製造のプロセス

てにくくなる。そこで、流れを整流化することによって、生産計画が立てやすくなる。

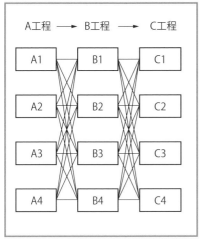
混流

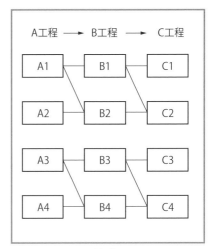
整流

図表 2-10　混流と整流

> **コラム**
>
> ### 存在的見方と存在論的見方
>
> 　物を見るときは2つの視点がある。それが、存在的見方と存在論的見方だ。「人生とは何か？」と問うのが存在的見方であり、「人生とは何か？と問う意味は何か？」と問うのが存在論的見方である。一見似ているようだが、質問の質がまったく異なる。
> 　物事を見るときは、このように2つの視点で見てみよう。

2-16

CSとCDを区別せよ

　CS（Customer Satisfaction）とは、顧客満足であり、CD（Customer Delight）ろは顧客感動のことである。筆者はISO9001の審査を398回（617日）やってきた。この体験を踏まえ、CS（顧客満足）とCD（顧客感動）を筆者流に区別してみた。

　ISO9001の品質マネジメントシステムにおいては、顧客要求を満たすことを狙いとしているので、クレームや納期遅延を出していなければ顧客満足（CS）はしていると考えてよい。しかし、現在のような厳しい経営環境にあっては、CSだけでは受注は増えない。顧客の要求は①大幅な値引きと②短納期を要求しているからである。これに応えるのがCD（顧客感動）である。これには生産性25％向上とリードタイムの半減短縮が必須である。

　CSでは、この厳しい環境を乗り切れない。ISO9001認証取得会社は、この認識が必要であり、CD実現こそ生き残りの策なのである。改善リーダーは、この区別ができなければならない。

2-17

できばえ確認と検査を区別せよ

　改善リーダーは、検査とできばえ確認を区別しなければならない。
　作業者が自分で作ったものを測定器で測定していると、検査をしていると決めつける人が多い。しかし、自分のつくったものを測定しているのは2つの意味がある。1つは「できばえ確認」であり、自分の作ったものが間違いないか確認している。これは、作業の一要素であり、その結果を記録する必要はない。
　もう1つは「検査」である。検査は、検査指示書に基づいて、その公差内に入っているのかの合否判定をし、検査責任者の承認印を捺印して記録する。その記録は定められた所に定められた期間保管される。これが検査である。
　このようにできばえ確認と検査は異なる。作業者が自分のつくったワークを測定しているのを見たら、まずこれは"できばえ確認"ですか、"検査"ですかと問うことができなければならない。作業者が測定器を使っていたら、すべて検査ではないのだ。筆者に言わせれば、"できばえ確認"で品質保証するのがプロの作業者である。
　一例を話そう。筆者の指導している部品加工メーカーは大手カメラメーカーに納入しているのであるが、機械加工において30本に1本検査している。しかし、30本の中間で作業者は"できばえ確認"でワークの寸法を測っている。そして、規格の上限または下限に近づいたら調整して中央値に移行させる。これがプロの力量である。だから、次の30本を検査しても合格に入る。ここである、"できばえ確認"こそプロの力量なのである。

2-18

稼働率と可動率を正しく理解せよ

(1) 稼働率

　稼働率の分母は24時間機械を動かしてできる計画生産高で、分子は実際にできた生産高である。だから、稼働率は顧客が決めるものである。まず、この正しい理解が必要である。

　顧客がいずれ買ってくれると考え、今、納期が決まっていないものをつくり、見かけ上の稼働率を上げても意味がない。「稼働率を下げる」の意味は、受注したものだけつくれ、という意味である。中小メーカーの多くの経営者は稼働率を上げれば利益が上がると考え、機械を回せばよいと考えている。稼働率は顧客が決めるものであり、いずれ買ってくれるからと考えて、工場が勝手につくり、見かけ上の稼働率を上げても意味がない。

$$稼働率 = \frac{実際の生産高}{24時間機械を動かしたときの生産高}$$

(2) 可動率

　一方、可動率の分母は、本日つくる必要な生産高であり、分子は実際にできた生産高である。だから、可動率は限りなく100％に近づけなくてはならない。発音は同じだが、稼働率と可動率をきちんと区別しなくてはならない。そして、いずれ顧客が買ってくれると考えて、今必要としないものをつくり、見かけ上の稼働率を上げて余計な製品在庫をつくるのはムダである。

$$可動率 = \frac{計画時間内にできた生産高}{計画時間内にできる生産高}$$

　工場においては、可動率はコントロールするものであり、稼動率は顧客が決めるものである。だから、機械が止まっているのは問題と考えなくてよい。ただし、計画時間内につくるべき機械が停止し、可動率を下げているのは問題なのだ。

コラム

メモの取り方

　管理者向けに講義をしているとき、多くの参加者がメモを取るのを目にする。何をメモしているかというと、「今日、学んだこと」をメモしている場合がほとんどだ。そんなとき、「メモすべきは、今日何を学んだか、ではなく、明日から何をするかです」とアドバイスする。いくら学んでも改善は進んでいない。行動に移して初めて改善が進むのだ。

　極端な話、講義の内容はすべて忘れてもかまわない。大切なのは、これから自分が取るべき行動なのだ。その行動を忘れないように、しっかりメモすべきなのだ。

　これには学校教育に理由がある。生徒は、先生の言うことをノートにとるということを続けてきたからだ。これは学校の勉強では意味がある。なぜなら、テストがあるからだ。テストで良い点を取るには授業中のメモが必要だ。しかし、会社の仕事にはテストがない。自分で考えて、行動するのみだ。なので、メモすべきは自分の行動なのである。

2-19

作業改善から設備改善に移行せよ

　改善リーダーは、作業改善と設備改善の意味を正しく理解しなくてはならない。ここで重要なことは、まず設備改善へ移行する前に徹底的に作業改善をする必要があることだ。作業改善から設備改善という順番である。

　こういう指導例がある。1台のA機械を2人で作業していた。生産技術者が新規のB機械を見つけ、このB機械はA機械と同じ製造をするのに1人でできるとのことだった。経済計算をして、新規にB機械を購入したいとのことだった。筆者は生産技術者に現在のA機械での2人作業を1人でできないかの徹底改善アドバイスを行った。

　このような未検討で新しいB機械の1人作業の説明書を見て決定しようとする考え方は間違いなのだ。トヨタ生産方式の1つの柱である自働化の思想で、「機械と人間の仕事を分け、機械が動いているときに人がいるのはムダ」と考え、2人作業がどうしても必要なときだけ1人を呼べばいいのである。このように作業改善を徹底的にやるべきなのだ。

　A機械では、2人作業が必要なのは重量製品を機械にセットするときと取り出すときであり、1時間に1回のセットに10分だけ2人作業が必要だった。これは現場リーダーが手伝えばよい。機械が真に人を求めているときだけ人の配置をすればよい。作業改善をしないで単なる安っぽい経済比較はやめることだ。

2-20

人間の手の働きを工具に替えよ

　人間の手で行う作業をちょっとした治具を使うことによって作業がやりやすくなり、生産効率が高まるケースがある。

　図表 2-11 に示すように、円盤の穴あけ作業をする場合、ドリルの位置は固定なので、円盤を回しながら作業する際、位置決めに時間がかかっている。この場合、回転する治具をつくり、この上に円盤を固定すれば、この回転治具を回すことで、ドリルの位置を合わせることなく作業ができる。

　これは一例であるが、手で行っている作業をちょっとした治具（この場合は回転治具）をつくって活用すれば位置調整することなく作業を効率的に進めることができる。

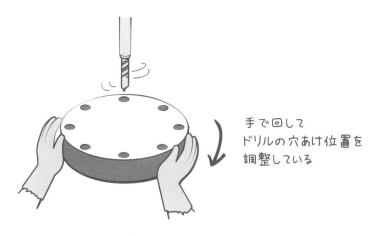

図表 2-11　円盤の穴あけ作業

2-21

標準の3つの弱点

　工場で発生する不良問題は標準に関連がある。まず、この気づきが必要である。標準に関して3つの弱点がある。
　①標準がない　→　これでは不良が出る
　②標準に不備があり、これを守っている　→　これでは不良が出る
　③標準は正しいが、これを守っていない　→　これでは不良が出る
　改善リーダーは上記の3つの正しい理解が必要である。標準をつくる真の狙いは、この標準を守ったら不良は出ないことである。
　例えば、A社は、社内不良の原因を追究したら、標準のないところでの不良が一番多かった。別のB社は、標準は正しいのだが、守れなくてクレームを出した。正しい温度設定が25度なのに20度で行っていたのだ。
　このように品質問題（実際は品質問題以外の問題も同じ）は、"標準"に関連して生じている。だから、社内の品質監査において、単に現在の標準が守られているかの視点だけでは一面的なのだ。上述した3つの弱点の視点で監査が必要である。

2-22

サイクルタイムとタクトタイム

　改善リーダーには、サイクルタイムとタクトタイムを理解してほしい。

　サイクルタイムは一番早くつくる時間である。タクトタイムは納期に間に合う前提で、少ない人員でつくる時間である。

　例えば、1個作るのに2人で20わかるのが一番早くつくれる時間とする。これがサイクルタイムである。納期に間に合う前提で、1人で40分でつくるのが、タクトタイムである。注文がどんどん減ってきているのに、サイクルタイムで物をつくったら納期前に物ができ出荷待ちの製品だらけになってしまう。このようなときは、少ない人員によるタクトタイムでつくるのである。

　逆に、注文が増えている場合は、当然サイクルタイムでつくる必要がある。これでも納期に間に合わなかったら、サイクルタイムの短縮改善をしなければならない。このようにサイクルタイムとタクトタイムを正しく理解することによって生産性向上アプローチが異なってくる。

2-23

情報の流れ分析

　工場にはさまざまな情報（伝票、指示書など）が流れる。受注が複雑であったり、工程が多いと情報量が増え、情報の流れがつかみにくくなる。そこで、情報の流れ分析により情報整理していくことが有効である。

　情報の流れ分析は、実際に使用している帳簿類のコピーを時系列に貼り付けていくだけでよい。そして、1日になぜ、誰が、どのくらいの時間をかけて処理しているのか、ということを工程（プロセス）順に従って、製造指示から出荷まで、模造紙を何枚も使い、絵巻のようにそのまま貼り付けていく。この帳簿類の貼り付けと処理時間を記入したら、個々の工程（プロセス）で、何が問題であるかを書いていくのだ（**図表 2-12**）。

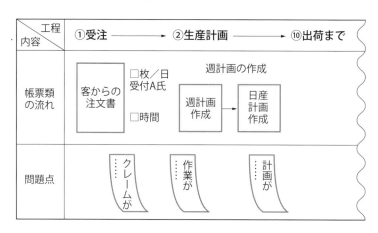

図表 2-12　絵巻分析（メーカーの例）

2-24

標準作業組み合わせ票による多台持ち法

　標準作業組み合わせ票は、自働化の応用手法である。人と機械の仕事を区分けし、機械が動いているときは人の作業をするのだ。

　具体的事例で説明しよう。1人NC旋盤2台持ちを、1人4台持ちにする改善事例である。1人2台持ちだと、2台の完成品を取り外し、未加工品を取り付けて、NC旋盤1号機に戻っても、機械が加工中であり、作業者に待ちが発生していた。**図表2-13**の例は、4台持ちである。1～4号機までの一連の作業を終えて1号機に戻ると、ちょうど1号機の機械加工が終わっており、ムダが発生しない。

コラム

謙虚さが改善を生む

　「無知の知」はソクラテス（BC470～BC399）の言葉である。知らないということを知ることが真の知恵と教えてくれる。「自分にはわからない」とわかることの重要さが大切である。これは将棋の道を極めた故・米長邦雄氏の言葉である。

　管理者は「知らないことを」認めず、できない理由を得意げに話す。高い目標を達成するには、謙虚さがないと進まない。

第2章 思い込みから脱出するための生産管理の基礎知識

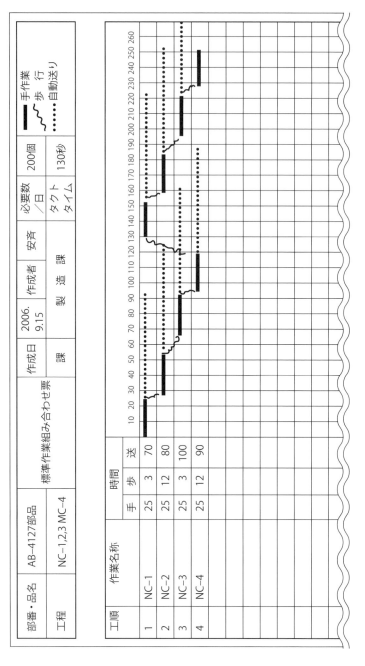

図表2-13　標準作業組み合わせ票

2-25
受注状況に応じた生産性向上アプローチ

　生産性向上のアプローチは受注状況によって変えていかなくてはならない。次の２つの場合で考えてみよう

(1)受注が横ばいまたは下降状態の場合
　基本的には人員を減らす方向で検討を進めていく。必要最小工数（人員）で受注を消化する改善を進めていく。必要なものを、必要なときに、必要なだけ、必要な工数でつくる。当然、受注に合わせて機械の稼働率を決めていく。

(2)受注が上昇状態の場合
　なるべく現状人員を維持しながら稼働率を上げる改善を進める。必要に応じ

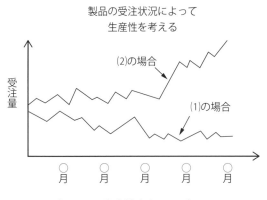

図表 2-14　生産性向上のアプローチ

て増員し、生産高を上げていく改善を進めていく。受注が上昇状態にあるのに、人員を減らすことが重要ととらえ、この方向で改善を進めているケースがあるが、これは間違いである。受注が上昇状態の場合は、現状人員で稼働率を上げていく改善を進めていくのである。

　一方、受注が下降状態にあるのに人員を減らさないと、作業者に遊びが発生して生産性が下がり、ますます決算を悪化させる。当然のことであるが、受注状況によって生産性向上のアプローチを変えていかなければならない。

2-26

異常報告を出せ

　社内不良とクレームを激減させるため、異常報告を出す仕組みが必要である。この製品の肌触りがおかしい、本日の機械の音がいつもと違う、計測器の針の振れがいつもと違う。とにかく、これらの異常をメモに書いて上司に上げるのだ。

　災害防止では"ヒヤリ"とか"ハット"としたことを上司に報告する。モノづくりにおいても、この異常を報告する仕組みをつくることに価値がある。こ

異常報告書					
年　　月　　日		確認		氏名	
異常点					
異常点に対する監督者の処置					

図表 2-15　異常報告書

れは不良になる前の活動だから立派な予防処置である。この活動の価値は、これによって社内不良やクレーム発生を未然に抑えることができる。不良になってからでは遅い。その前に、異常段階で不良原因を未然にキャッチし、手を打っておく。これがプロの作業者のやることである。

管理者や監督者は、作業者へこの異常発見を感じさせる教育訓練をしなければならない。そして、作業者には**図表 2-15** の異常報告書に通常と違うと思われる異常を記入し、直ちに監督者へ報告する。監督者は直ちにその現象を確認して処理をとる。特記異常については、管理者に報告する。

コラム

失敗は成功の母

　改善活動において「失敗」はない。なぜなら、失敗とは、うまくいかない方法を発見したということだからだ。

　電球を発明した発明王エジソンは、電球に使う素材を何千種類も実験して試したがうまくいかなかった。そんなとき、エジソンは「これだけ失敗しているのだから、もう電球はあきらめたらどうか？」という質問を受けた。そのとき、エジソンは「私は一度も失敗していない。電球に使える可能性がある素材は地球上に 5000 種類ほどある。これまで 3000 種類を試してきたから、成功まではさほど遠くない」と答えたそうだ。

　一般的に言われる失敗、つまりうまくいかなかったということを成功に繋がる 1 歩ととらえている。具体的には、うまくいかない方法を 1 つ発見したととらえているのだ。この発想は改善活動においても大切だ。1 度や 2 度うまくいかなくても諦めてはいけない。

2-27

微欠陥を撲滅せよ

　微欠陥の撲滅は、元（財）日本能率協会顧問の中井川正勝氏が提案された重要な工場改善のアプローチである。機械で生産をしている工場において、機械に微欠陥が発生するようになると頻繁にチョコ停が増え、故障も増え、不良も増えてくる。1つの箇所だけの微欠陥なら、大きな問題にはならないが、その場所が増えると生産性を大きく下げてしまう。筆者は、生産性向上の指導に、微欠陥の撲滅を活用し、良い成果を出している。

　例えば、ある工場の機械に微欠陥箇所が100あったとする。1つの微欠陥の信頼度が99％の場合を考えると、通常なら十分の信頼度であると判断できるが、ドイツのルッサーが発表した「乗積則」を適用すると100箇所の信頼度は36.6％に落ちてしまう。これは63.4％不良が発生してしまうととらえてよい。この信頼度では、飛行機が2回飛んだら1回墜落してしまうという大変なことになるが、多くのメーカーの経営者は、工場は飛行機ではないというとらえ方をしている。微欠陥の撲滅にはお金がかかるからである。しかし、この考え方は慢性不良の撲滅や機械の稼働率の向上に役立つのである。

　筆者は20年以上前に、中井川氏のセミナーを受講した。非常に情熱的な方で、強い親しみを感じた。飛行機の保守をやられていた影響からか、パレート図（重点志向）を嫌っていたのが印象的であった。飛行機の部品は、均等に信頼度を上げる必要があるためである。

　優れた手法（例：微欠陥の撲滅）は適用対象を考えて活用すると威力を発揮する。工場改善に携わる人は「微欠陥の撲滅」の言葉は必要用語である。

2-28

検査の標準時間と品質保証の関係

　検査の標準時間と品質保証には関係がある。1個当たりの検査時間、すなわち1時間に何個検査するか定めない限り品質保証はできない。これは当たり前のことである。

　例えば、1個検査するのに標準で3分かかるとする。5分かかれば何か問題があったのであり、1分で終われば手抜きしている、ということになる。このように正しい検査は定められた時間内にきちんとやることであり、これが品質を保証させるのである。改善リーダーはここに気づく必要がある。

　メーカーにおける検査は、時間指示を出して検査をしていない。かかった時間が検査時間になっている。これでは品質保証はできない。品質保証と検査時間は密接な関係がある。これは社内で計測器の校正をしているケースも同じである。校正する時間を決めて校正をしていない。これでは正しい校正はできないのである。

査　定

標準時間の設定＝品質保証

2-29

予防処置

　予防処置の件数が極めて少ない。品質保証の重要な手段は予防処置にある。ここに気づいていない。ISO9001の審査においては、予防処置をしていなくても不適合（指摘）にならない。

　しかし、予防処置を活用しないのはもったいない。問題（不良）が発生する前に、この問題を出さない処置が予防処置である。ここでは、筆者が実際に行い、確立した予防処置の1つの方法について触れる。

　1年間に発生したクレームと社内不良を要因別に分析すると、**図表2-16**のように4つに分類される。これをベースに予防処置に取り組む。

(1) 標準が守れていない場合の予防処置

　現在、不良は出していないが、標準が守られているのか監査する。このとき、標準が守られていないものがあれば、標準を守れるように教育訓練する。これは、1件の予防処置を講じたことと同じになる。だから、今、不良を出していないとき、標準が守られているか監査し、守られていないものがあれば守れる

```
1  標準が守れていない不良発生
2  微調整を要するところによる不良発生
3  金型類の摩耗による不良発生
4  機械故障による不良発生
```

図表2-16　クレームと社内不良の要因

ように教育訓練することはすべて予防処置となる。

(2) 微調整を要するところに関する予防処置

　例えば、製造条件の1つである電圧を1.1Vに合わせるとする。このとき、電圧計の目盛が1V単位になっており、1.1Vには設定しにくいとする。この場合、0.1V単位の電圧計に変え、1.1Vにきちんと設定できるようにする。これを1件行えば、1件予防処置をしたことになる。

(3) 金型類の摩耗による予防処置

　金型が摩耗すれば製品は不良になる。だから、金型がどこまで摩耗したら研磨、または修理するのかの基準を決めるのである。そうすれば、製品が不良になる前に金型を研磨、修理できる。この処置を1件すれば、予防処置を1件したことになる。

(4) 機械故障に関する予防処置

　機械が故障すれば製品は不良になる。だから、機械の故障前に部品を交換する。これは機械故障記録を1年とれば故障の周期性がわかり、予防保全の仕組みを構築できるようになる。

2-30

測定器の校正費を半減せよ

　メーカーの管理者は、計測器の校正費は税金のように固定と考えている。しかし、校正費は固定ではなく、半減できることに気づくことだ。**図表 2-17** を見てほしい。これによって半減できるのである。
①対象見直し
　国際規格では検査する計測器のみ校正すればよい。製造条件を決める計器については、校正を要求されていない。組織が必要に応じて計器を校正するのは構わない。
②頻度
　毎日使用している計測器の校正は 6 カ月間隔または 1 年間隔が必要である。要は、検査の実体をよく把握していないと適切な頻度は決められない。
③範囲
　例えば温度計の測定範囲が 0℃ ～ 150℃ とする。実際に使用する範囲が 30℃ ～ 60℃ ならば、10℃ ～ 80℃ を校正すればよい。全温度範囲を校正する必要はない。
④校正方法
　社内で校正を行う場合は、校正の標準時間を決めて、この時間内で行うようにする。校正を時間指示で行っているメーカーはほとんどない。これでは校正精度は上がらない。また、校正コストは下がらない。
⑤必要な校正記録
　校正とは、1) 真値からのずれを明確にすること、2) 校正基準から外れてい

たら調整・修理してもらうこと、である。校正会社には、真値からのずれを測ってもらえばよい。校正基準に入っているかは社内で判定すればよい。そして、校正基準から外れていたら校正会社に調整・修理をしてもらえばよい。

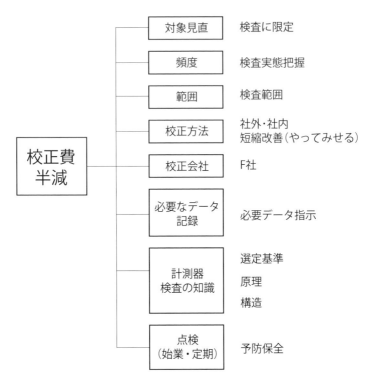

図表 2-17　校正費半減目標展開（戦略）

第3章 工場管理者を奮起させる秘訣

3-1

管理者の意識改革プロセス

　管理者が意識改革するまでには、4つの関所を通過する必要がある。この4つの関所は、指導体験を通して筆者が工夫した管理者の意識改革論である（**図表 3-1**）。

⑴ 第一関所：フィルター
　第一関所を通過するには、発信されてきた改善自覚力信号を、素直に受け入れることだ。この信号を受け入れないと、この信号は逃げてしまう。改善現場へ戻ってしまう。要は、もっと改善を積まないと、この第一関所（フィルター）を通過できません、ということを教えてくれるのだ。この関所を通過させるには、1日改善会を10回積む必要がある。改善回数が進み具合に従って、"素直さ"が育成されていく。

⑵ 第二関所：発見
　第一関所を通過したら、この信号は第二関所（発見）に入ってくる。"自分には、相当な改善力がある"という気づき（発見）ができたら、この関所は通過できる。1日改善会の体験回数が20回を超えたら、この信号を受け入れることができる。

⑶ 第三関所：良心
　第二関所を通過したら、この信号は第三関所（良心）に入ってくる。"よし、

自己を変えよう"という良心が働く段階である。1日改善会を30回経験すると、この関所を通過できる。

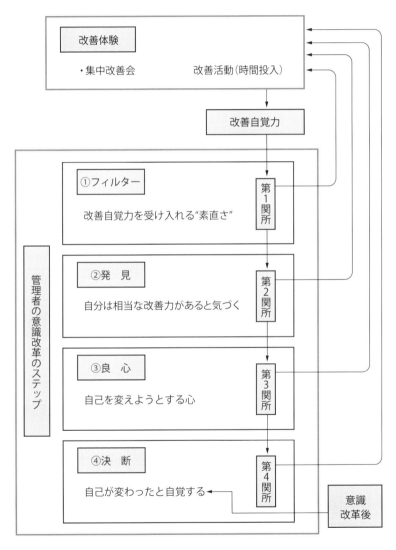

図表 3-1　管理者の意識改革の構造

(4)第四関所：決断

　第三関所を通過すると、いよいよこの信号は、第四関所（決断）に入ってきます。"自己は変わった"と自覚し、決断すると、第四関所を通過できる。1日改善会を40回以上実施すると、この関所を通過できる。このように、管理者は改善体験を積むことにより、改善力がつき、第四関所をパスできるのだ。

　1日改善会こそ、管理者の改善力をつける改善道場なのだ。管理者は、自分が今どの関所にいるかを意識することによって、改善力速度が早まる。だいたい、指導4カ月目のメンバーは、第二関所と第三関所の中間にいると答える管理者が多い。

コラム

3つの弁証法

　弁証法は自然現象の正しい法則である。工場で発生した問題は、一方が良くなれば他方が悪くなるような矛盾する現象が多くある。この矛盾を解決（止揚するという）するのが弁証法である。

①量的変化は質的変化をもたらす

　改善への投入時間が増える（量的変化）と、大きな改善（質的変化）をもたらすのだ。

②否定の否定

　モノづくりにおいては、今までのつくり方を否定して改善し、その改善をさらに否定してもっと良い改善をしていく。改善は無限にある。

③対象物の相互浸透

　管理者が情熱を持って真剣に改善に取り組むと改善が進む。これは、改善する人と改善対象が一致していくからだ。

3-2

作業者を指導するポイント

　監督者は、部下の作業者へ「やってみせ」「やらせてみて」できるまで、これを繰り返す。これは、山本五十六元帥の教えであり、作業者への技能習得の基本である。

　今の監督者は、自分が作業に埋没しており、とても部下の作業者へ教える時間すらないのが現状である。まず監督者をラインから外すのが第一ステップである。しかし、監督者をラインから外しても、もう１つの大きな難題がある。それは、部下への技能を教える方法を訓練されていないことだ。だから、監督者自身が１つの技能を３年かかって体得したら、部下の指導も３年かかると平気で言う。ここが問題なので、とにかく早く技能を体得させる訓練法を学ぶ必要がある。

　具体的な訓練法を示そう。１つの作業において、すぐ覚えられるものと、そうでないものがある。まず、この層別をすることだ。すぐ覚えられない作業の１つには、調整を要するところがある。

　一例を示そう。銅線の回りにポリエチレン被膜を偏肉なしに均一の厚さにする調整作業について考えよう。この被膜工程において、一番覚えにくい調整作業は、いかに早く均一厚の被膜にするかである。この肉厚調整には、４つの調整ボルトがある。この４つのボルトを使って、いかに早く均一な肉厚にするかである。この銅線径を変えたり、ポリエチレンの被膜厚を変えるのが、段取時に一番時間がかかる調整の作業である。いわゆる、この調整作業は１日８時間作業の中、１〜２回しかない。これもベテランの作業者が調整してしまうので、

101

この作業ができない人の訓練チャンスはない。だから、この工程に配属されてもなかなか習得できない。

　筆者の指導は、監督者と作業者に休日出勤してもらい特訓するのである。これは、監督者が偏肉状態をつくり、これを4つのボルトを操作して均一肉厚になることをやってみせ、次に作業者に偏肉を均一肉厚にすることをやってもらう。これを作業者ができるまで、何百回になろうとやるのだ。これによって、この工程に配属されてたら1年以上かかる均一調整作業を休日の1日の訓練でマスターできるのだ。

　要は、勤務中でなく休日とか残業時間に繰り返し集中訓練することなのだ。ここでは偏肉調整の例で示したが、すべての調整はこの原理で体得させるのだ。「実作業しながら教える」という発想をやめるのだ。難しい調整作業は、覚えるまで何回も何回も繰り返しやるしかない。作業者の力量とは、調整作業の習得にあるといってよい。調整以外の作業は、その工程に配属されればすぐ覚えられるのである。

　また、教える作業者が、きちんと誠意を持って教えれば、真剣に応えてくれると信じることだ。これを「ピグマリオン効果」という。禅の教えでは、啐啄_{そったく}同時_{どうじ}という。教える側と教わる側が、ぴったり呼吸が合うことである。改善リーダーは、こういう指導ができなくてはならない。

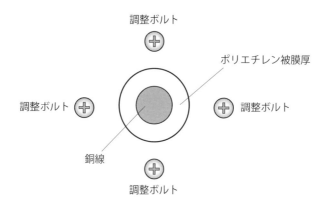

図表 3-2　偏肉調整法

3-3
管理者がやる気を高める5つのポイント

　管理者がやる気を高めるにはいくつかのポイントがある。以下5つのポイントを解説しよう。

⑴自己の価値を知り、自覚する
　中小メーカーの管理者は一生懸命働いているが、意外に自分自身とは何か、の問いかけはしていない。そして、会社における自分自身の存在価値の大きさに気づいていない。反対に自分自身を過小評価している傾向がある。多くの人は、自分が組織の中の小さな歯車にすぎないと無意識に考えてしまっている。何とももったいないことか。人は誰でも無限の可能性を秘めている。そして、この可能性を成長させたい願望を持っている。この願望を会社で実現させなければならないのである。この願望こそ「やる気」の源泉になるのである。自己を活かす自信と自覚こそ「やる気」の源泉である。
　まず、これに気づくことである。人生は1回しかない。働き盛りの今、会社という舞台で全力投球しなかったらもったいないではないか。自己の価値の再認識が必要である。「今、自分は何をしなければならないか」これを明確にし、今やるしかないと自分の価値を認め、自覚する。

⑵3カ月挑戦目標を決め必達する
　管理者は経営に貢献する挑戦目標を決め、この目標の必達を目指し「命がけ」で改善を行わなければならない。この意気込みなしに挑戦目標は必達できない。

管理者は部下を持ち日常業務を持っている。この日常業務には1日の80％のエネルギーをかけ確実に本日の利益を確保する。しかし、これだけやっていればよいのではない。1日の20％のエネルギーは挑戦目標の達成に時間配分しなければならない。

　この挑戦目標の達成こそ明日の利益を生む種をまき、収穫を得る重要なプロセスなのである。マズローの5段階欲求の最高段階に「自己実現の欲求」がある。この段階は個人の目標と組織（会社）の目標が一致している状態である。

　だから、経営者は自己実現の欲求を満たすために挑戦目標の達成度によってボーナスを決める仕組みをつくり、管理者に公開する。これが公平かつ透明性のある評価法である。この評価法こそ「やる気」を持たせる要因となるのである。これが、経営を良くする改善をしていけば個人収入が増える建設的評価システムなのである。このシステムは管理者の休日の過ごし方にも影響を与えてくる。目標達成度でボーナスに連動する仕組みは休日の習慣を変える力を持ってくるのである。「やる気」はこの結果としてついてくるものなのである。「やる気」を持たせる"仕組み"をつくるのが経営者の役割である。

(3) JITの実感的理解をする

　「必要なものを、必要なとき、必要なだけ、必要な工数（部材）で行う」

　これがJITの基本思想である。この言葉を知っている人は多いが、これを実感的理解し、積極的に改善に活用している管理者は意外に少ない。このJITを実感的理解し、活用すると改善がどんどん進んでいく。この改善の進みと共に「やる気」が管理者に植え付けられていくのである。JITとは生産性向上させる魔法の法則なのである。

(4) 自分の会社と考える

　工場改革を行うには、管理者は発想を大きく転換させることが必要である。それには、まずサラリーマン発想から脱皮することだ。サラリーマン発想では、どうしても見方が狭く、大きな改善はできないのである。ここから脱皮するに

は、自分が中小メーカーの社長の立場で工場改革すると決断することである。この視点に立つと、サラリーマン発想はすでに脱皮している。

　工場改善手法にはさまざまあり、これらの活用により改善は進むが、限界がある。社長視点は手法ではなく、工場改革の1つの思想なのだ。これは手法の何十倍の効果をもたらす。社長視点に立つとは、すでに「やる気」を持って改善をしている状態なのである。サラリーマンが社長視点に立つには、自己の価値を知り、これを活かす自覚を持つことである。

⑸早く行動を起こす

　早く行動を起こすといっても、いきなり行動に入ってはいけない。必ず、計画を立てる。早く計画を立てることである。そして、早く行動を起こすことである。トヨタ生産方式で言っている拙速（せっそく）とは、拙くても早くやれと言っているわけではない。早くやれば、拙いことも早くわかり次の改善の手を早く打てるという意味である。

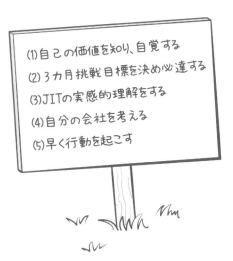

3-4

作業者にやる気を持たせる仕組み

　時間軸を入れた日産計画書（2章11項参照）をつくり、作業者に指示する。この日産計画書こそ、「必要な工数」でつくることを具現化したものである。これは作業者へのノルマ指示ではなく、やる気を持たせる役割も果たす。

　日産計画書の通り作業を遂行したら、良い仕事をやったことになる。遅れたら、遅れを取り戻そうと頑張ってくれる。そして、計画よりさらに早くやる治工具の工夫もしてくれる。このように、日産計画書は、作業者にやる気を持たせる動機づけの仕組みなのである。

　また、この日産計画書を出さないでものをつくっていることは大きなムダなのである。日産計画書は、以下のような一石三鳥の働きをする。

　①日産計画書の通りつくれば、納期遅れを出さないこと
　②生産性向上が図れること
　③作業者にやる気を持たせられること

　この日産計画書は、原則として定時までに作業を終了するようにつくる。定時では、納期が間に合わない場合に残業時間を計画する。問題は、残業時間を計画されていないのに、現場で勝手に残業してしまうことだ。

3-5

作業者の適性力量評価

　作業者の評価は力量（作業速度）と日産計画の達成度の2つの面から行う。

　作業者に対して時間軸の入った日産計画書を指示する。このときの1個当たり製造する時間は作業者の力量によって決める。作業が速いほど作業者の力量は高い。評価の第一は、作業速度の力量で決まる。

　日産計画は、作業者の作業速度をベースにつくられる。だから、日産計画をつくった時点で作業者の力量の差が明確になっているのである。

　第二の評価は、この日産計画の達成度で決まる。このように作業者に対しては、第一と第二の両面で評価するのが適切である。作業者が第一の評価を上げるには作業を速くできる訓練をしなければならない。第二の評価を上げるには、日産計画を必達させる覚悟で作業を真剣に進める必要がある。作業を工夫して作業時間を計画より短縮すれば、いっそう評価されることになる。監督者の役割は、作業者の訓練と作業の進捗管理が主要業務なのである。

3-6

管理者の考え方の枠を拡大せよ

　工場の管理者は、自分の考えの枠径を持っている。枠径とは考え方の幅で、筆者の造語である。管理者は、製造を良くしようとして頑張っているのだが、この考え方の枠径で、改善対象物を見ている場合が多く、限られた枠径で見ていることに気づいていない。この気づきを持っただけで、改善の考え方は飛躍的に変わってくる。

　かつて、ノーベル賞受賞者の湯川秀樹博士は学生に、「今、わかっていない領域に挑戦する」ことを勧めた。これは、電気スタンドを高くする方法に相当する。すでに、光が当たっているところをさらに顕微鏡で詳細に調べるのではなく、スタンドを高くすることで、今まで光の当たっていなかったところに光を当てる。筆者は、スタンドの高さを高くしようとする考え方を「考え方の枠径」の拡大ととらえている。

　改善回数を積み上げることによって、個人は無意識のうちに、考え方の枠径が拡大していく。この考え方の枠径拡大は、改善体験なしには実現できない。改善リーダーは、自己の考え方を拡大することに価値を強く認識することである。今の考え方の枠内で、常識打破はできないのである。

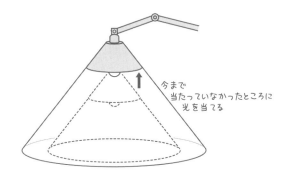

3-7

在庫があれば管理者はいらない

　在庫には、スペースが必要であるとか、管理コストがかかるとか、資金繰りを悪くしているなどデメリットがある。しかし、「問題を隠す」というデメリットはあまり知られていない。**図表 3-3** で示すように、在庫がたくさんあると工場に潜んでいる問題点を隠してしまうのだ。

　品質問題や生産計画の悪さにより問題が発生しても、製品在庫があれば、在庫から出荷すればよいことになってしまう。だから、製品在庫があれば、管理者はいらないのだ。ただ、在庫をゼロでやれと言っていない。真に必要な在庫は認める。

　在庫を持たない状態で、不良が発生したらどうするか、機械故障が発生したらどうするか、これらに対処する「仕組み」をつくるのが管理者の役割なのである。

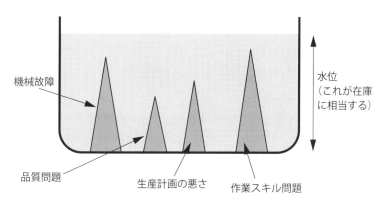

図表 3-3　在庫の問題点

3-8

協力会社へ顧客の厳しさを伝えよ

　顧客から値引きや短納期要求を厳しく要求されているのに、材料メーカーや加工依頼している協力会社に対して厳しさが足りない。これは多くの工場で共通する特徴だ。顧客より5％以上の値引きを求められているのに協力会社にはこれに相当する値引きを要求していない。

　筆者は「連動性」を推奨している。顧客から5％以上の値引きを求められたら、外注加工の協力会社に対しても5％値引きをさせる工夫をしなさい。これが「連動性」の意味である。しかし、中小メーカーにおいてはほとんどこの連動性は適用されていない。

　この理由は2つある。1つは経営者自身これに気づいていないことである。もう1つは購買責任者と担当者の担当期間が長く、協力会社に強く言えないことである。要するに筆者に言わせれば担当期間が長いと協力会社の利益代表になってしまっている。癒着してしまっているからである。経営者もここに気づいていない。購買責任者や担当者は2年以上させてはいけない。2年以上たつと本人も知らないうちに癒着ができてしまい、協力会社に強く要求できなくなる。協力会社が材料が値上がっているので値上げをしてくれと言われると、その妥当性を検討せずにやむを得ないと認めてしまう。

　今、顧客は材料が値上げしているからといって値上げは認めてくれない。これを承知のうえで逆に値下げを堂々と要求してくる。これに耐えないと納入差止めと脅かされる。これからの購買責任者は協力会社へ指値をする指示ができなければならない。複数の協力会社へ見積りを出し、安い方へ発注するという

旧式のやり方ではいけない。指値を決めたうえで、これでよいかと複数社へ問いかけていくのである。

　調達日数も短縮させなければならない。そのために協力会社へ行き、加工方法、加工時間を直接調べ、調達日数も指定していく主体性が必要である。これからは購買者は受身ではいけない。主体性を持って購買者の存在観を示さねばならない。

　いずれにせよ、顧客の厳しい値引きの要求に対して、その厳しさを協力会社へ連動させていくことが必要である。購買責任者や担当者ともこの自覚を持たなければならない。といって、購買者は協力会社をいためつけることではなく、運命共同体として共に生き残る道を見つけていくのである。互恵関係を保っていくのである。協力会社がその要求に応えられないと言ったら、協力会社へ出向き、コスト低減と生産リードタイム短縮の手法を教えてやるのである。この指導を行って、はじめて協力会社も真剣に応えてくれる。

　住宅用ドアを製造している会社の事例であるが、ドアは本体と付属品（鍵、吊具等）から構成されているのでドアメーカーは付属品込みで入札に参加する。ドアメーカーは本体のドアは自社でつくるが付属品は購入しなければならない。ドアにつける付属品はドア本体に匹敵する価格なのである。だから入札の場合、本体の値引きは自社で決められるが、付属品メーカーはなかなか値引きしてくれない。その結果、なかなか落札できない。

　当たり前のことであるが、付属品は本体あってのものである。落札の条件は付属品の価格次第なのである。しかし、付属品は数％しか下げてくれない。ここで連動性の考え方が生きてくる。今回の入札100ドア分のみ付属品を20％値引きしないと落札できないと持ちかけると、付属品メーカーも今回に限りという条件で20％値引きに応じてくれるのである。付属品メーカーは今回のみ特例として認めてくれる。しかし、連動性は入札ごとにこの特例を行っていかなければならない。ドアメーカーが落札しなければ付属品も受注減となるのだから運命共同体なのである。協力会社に知ってもらいたいのは、この連動性であり、共に生き残る道なのである。

3-9

マンネリ化したQCサークルを活性化させよ

　通常、QCサークルは週1回、30分会社から時間を与えられて活動を行う。テーマ（目標）は原則的にQCサークルが自主的に決めてよいことになっている。また、QCサークル活動では、数カ月間かけて1つのテーマを完結する。QCサークルの活動プロセスはQCストーリーに基づいて行われ、QC手法の適用が推奨されている。しかし、現状はマンネリ化になっているケースが多い。

　それは1つのテーマ（目標）を数カ月、時には5カ月間もダラダラと進めることに起因している。QCサークルに大きな経済効果を期待していることにも問題がある。管理者がやるべきテーマ（目標）をQCサークルに期待しているケースすらある。

　筆者の指導は、月に1テーマ（目標）解決できる小さなテーマ（目標）にすることである。そして、大きな経済効果を期待しないことにある。さらに、QC手法やQCストーリーにこだわる必要はないのである。目標達成させるため、よく対象を観察し、問題を見つけ、解決していけばよいのである。

　会社の時間で行うのであるから、上司承認のテーマ（目標）とすることである。QCサークルのメンバーが問題を見つけ、いかに解決していったかのプロセスを重視する。QCサークルには大きな経済効果を期待してはいけない。ここがポイントである。発表会も上級管理者が評価するのではなく、参加社員の投票で、金、銀、および銅賞を決めればよい。

　QCサークルは身近に発生している小さな問題を自分たちで解決していくことにある。この視点でQCサークルの再活性を図っていくのである。

3-10

優秀な人から抜け

　景気が悪くなると、すなわち受注が落ち込んでくると高齢者や病弱な人から辞めてもらうという風潮がある。しかし、人抜きは「優秀な人」から行っていくことである。

　例えば、ラインの改善によって人が浮いてきたら、まず優秀な監督者や作業者をこのラインから抜いていく。ここで抜かれた優秀な人は、レベルアップした仕事に挑戦していくのである。改善班などに配属してその力をさらに高めてもらうのである（第1章25項）。

　逆に、優秀な人を残し、優秀でない人が抜けるなら、多くの社員は「改善により自分が不要になる」という心理から改善に前向きになれない。優秀な人から抜く仕組みをつくれば、社員はリストラされる心配なく、安心して業務に専念できるのだ。

優秀な人はレベルアップした仕事に挑戦してもらおう！

レベルアップ

3-11

なぜ5回を追究せよ

　「なぜ」を5回繰り返して追究すると、解決すべき真の問題にぶつかる。改善リーダーが必ず学ぶべき手法が、このなぜ5回の追究である。事例で説明しよう。これは成形加工している中堅メーカーでの不良対策である。成形加工製品のキズ不良に、なぜ5回の追究をしたのだ。

①なぜ、キズ不良が起きたのか？　製品を取り出すロボットの吸着盤がうまく作動せず、製品が金型にぶつかることで発生した

②なぜ、ロボットの吸着盤がうまく働かなかったか？　それは、ロボット吸着盤が本来の吸着位置からずれていたからである

③それではなぜ、吸着位置がずれていたか？　それは、吸着盤を固定しているボルトがゆるんでいたからである。

④それではなぜ、ボルトがゆるんでいたか？　それは、始業前にボルトの点検をしていなかったからである

⑤それではなぜ、ボルトの点検をしていなかったか？　それは、ボルト確認の点検基準が定められてなかったからである。

　この原因追究により、ボルト点検基準書をつくり実施することで、キズ不良は撲滅できた。このように、「なぜ、なぜ」と不良原因を深く追究していくプロセスが重要である。改善リーダーは、工場の問題に対して、なぜ5回追究を繰り返し訓練していかなければならない。

3-12

管理を正しく理解せよ

　管理とはPDCAを回すことである。1つの仕事をするとき、まず計画（Plan）を立てる。次に、この計画を達成させるための実施（Do）をする。チェック（Check）は計画と実施の差を言う。実は、この差が問題、または問題点なのである。この問題は、やっかいものではなく、どこを改善すればよいかを教えてくれるのである。だから、この差（問題）を出す"仕組み"をつくることに価値がある。

　そして、処置（Act）は、なぜ差（問題）が出たかの原因を追究し、今後この差を出さない処置を講じていく。そして、この処置を活かして、次の管理（PDCA）を回していく。

　この管理は、現状の標準を維持していく場合にも、新規業務を効率良く進めていく場合にも役立つ。計画（Plan）を立てても実施しなければ、プランプラン（Plan-Plan）で終わってしまう。また、計画（Plan）を立てないで実施（Do）をいきなり行えば、どうどう（Do-Do）めぐりで問題を見つけることができない。

　要は、PDCAをきちんと回すことが管理なのである。特に、中小メーカーの管理者や監督者は、この管理サイクル（PDCA）を回すことが苦手である。それは、管理サイクルの意味と価値を正しく理解していないからである。この理解の訓練を受けていないのである。

　仕事をやるには、まず計画（Plan）からスタートするという習慣をつけることである。この計画（Plan）を立てないで、いきなり行動に入ってはいけないのである。まずは、改善リーダーが計画から行動する習慣をつけることである。

3-13

製造課長の5つのネックを解消せよ

　通常、ネックとは製造工程で一番生産能力がない工程をいうが、ここでの「製造課長のネック」とは本来、製造課長がやらねばならないことで、未だ気づいていないことをいう。

⑴**製造工程のネックを理解していない**
　製造課長が製造工程においてどこがネックかを理解していないケースが多い。ネックとは、一番生産能力がない工程をいう。現場では、その工程の前に一番仕掛品が溜っているところといってよい。モノづくりにおいては、このネック工程の能力で生産高が決まってしまう。だから、ネック工程を理解していないと生産高を上げる適切なアクションがとれないのである。ネック工程はどこか、製造課長はまずこの問いを発生できなければならないのだ。

⑵**1日の50％以上をパソコンのキーをたたいている**
　IT化が叫けばれていることも影響しているが、製造課長が多くの時間をパソコンの前でキーをたたいている。一体、製造課長がパソコンに向かい合っていて、生産性は上がるだろうか。この意味をもう一度考えてほしい。

⑶**部下の監督者が作業に埋没している**
　監督者を上級作業者として作業に埋没させているケースが多い。通常、監督者（呼び名は主任、班長、作業長、グループ長と組織によって異なる）は部下

の作業者を3～6名をもって業務を遂行している。監督者は、作業から離れ、部下の作業者を管理・監督しなければならない。

(4)ロット合併が知恵である

納期の異なる製品をまとめてつくり、段取回数を1回で済ませる。これがロット合併である。これを知恵と考えている製造課長が多い。このロット合併を複数の製品に拡大適用していくと、他製品の納期遅れという副作用を起こす。ロット合併によって、機械が占有され、今つくらなければならない製品がつくれなくなるからである。

(5)経営改善目標を設定していない

この目標を設定しないで日常業務に埋没しているケースが多い。これでは会社は良くならない。

コラム

やるには、やらないことを決める

新たに改善をするには時間を創らなくてはならない。しかし、忙しくて時間がとれないという管理者も少なくない。時間をとるには、思いきって「やらないこと」を決めるべきなのだ。

つまり仕事の整理を行うことだ。これは管理者として自分が本当にやるべき仕事は何かということを再点検する効果もある。再点検する視点は、「その仕事をやらないと誰が困るか？」という問いだ。もし、その答えが顧客ならば継続してやるべきだ。そうでないなら、仮にやらないとしても大きな影響はないと考えていくのだ。

3-14

O式挑戦目標必達法を適用せよ

　方針管理は TQM の有力手法で管理者・主要スタッフが挑戦目標（高い目標）を決め、この目標を達成させるための大改善を行っていく活動である。しかし、方針管理において目標の未達が多い。日本の品質管理は、たとえ未達でもその理由を明確にして、次回はこういう対策で頑張りますと宣言すれば許される性善説だからである。

　筆者の"O式"挑戦目標必達法の考え方は、目標の決め方は方針管理と同じであるが「必達させる」ことにある。未達を認めない。「必達する」覚悟で改善を進めると、今まで気づかなかったアイデアが出てくる。"窮すれば通ずる"の諺があるように、眠っていた自己の潜在力を呼び覚ましてくれるのである。なお、O式挑戦目標必達法の詳細は、『製造業の高レベル目標管理法』（日刊工業新聞社）で解説しているので参考にしてほしい。

　目標管理はドラッガーやシュレイがホワイトカラーにやる気を持たせるために工夫したもので、目標を決めて、その目標達成の方法は自分で考えさせる（Self Control）というところに狙いがある。だから、どうしても目標が低くなる。方針管理やO式は、目標達成させる方法（施策）を上司と決めるところに特徴があり、ここが目標管理との違いである。

　方針管理においては、低い目標は設定してはいけないが、管理者によって低い目標を設定するケースがある。目標は達成しないと評価されないからである。これでは経営改善目標にならない。

3-15

1日改善会の偉力を知れ

　1日改善会は5時間以上かけてやる大改善会である。トヨタでは自主研（自主研究会の略称）と言う。これを筆者は「1日改善会」と呼んでいる。中小メーカーの改善メンバーが理解しやすいからだ。

　なぜ、1日で大改善できるかというと、筆者は5時間経過すると改善メンバーの脳の働きが左脳（意識・論理的に考える領域）から右脳（非常識・非論理で考える領域）に移行するためだと考えている。この右脳への移行がユニークアイデアを出してくれて、1日で高い目標を達成させてくれるのだ。改善リーダーは、この1日改善会を主導し、改善力を鍛え上げていかなければならない。この1日改善会は、改善リーダーと改善会参加者の改善力が飛躍的に伸びていく改善道場なのだ。20回行うと意識変化、40回行うと意識改革できる。

　筆者がリーダーで行った段取時間現状50分を半減目標に取り組んだ事例では、50分が半分以下の16分になっている。これこそ、常識打破の改善である。

〈1日改善会の進め方〉

　①改善リーダーを決める

　②1日で達成するテーマ（目標）はリーダーが決める

　③改善メンバーは2～5人とする

　④週に1回5時間以上かけて開催する（少なくとも2週間に1回は行う）

　⑤目標達成までやり抜く

　⑥右脳活用で常識打破力がつく

第○回　1日改善会　　　テーマ　プレス金型交換時間の短縮

1. テーマ選定の理由
   (1) プレスの稼働率を向上させる。
   (2) 段取替えに時間がかかるため、1回の生産ロットが大きくなり仕掛品が多く、これを改善する。

2.

日　時	2017年4月5日　PM2〜PM7
構成メンバー	越田、沼崎、村上、黒沢、松田

3. 目標と達成度

目標	現状50分の半減 最終は10分以下	達成度	50分→15分55秒

4. 現状(詳細別紙)と問題点(悪さ)
   (1) ネジによる調整作業が多い。
   (2) ものを取りに行くための動線が長く、回数も多い。

5. 主な改善点、常識打破 発見点(詳細別紙)
   (1) 応援の仕組みをつくり2人作業化(さわぐ仕組み)
   (2) 治工具類のレイアウト見直しによる動線の短縮
   (3) センサーチェックなどの内段取を外段取に変更
   (4) 2人作業による並行作業
   (5) ネジによる調整作業の無調整化

6. 実施事項(いつから実施するか。注意ポイントは)

   金型高さの調整と敷板(ゲタ)の製作(4月10日)

7. 残された改善事項、問題点
   (いつまでに誰が責任を持ってやるか)
   材料通し3分などの改善(4月中に具体化)。
   10分以内に完了できるように改善を進める("　")。

8. 反省点 メンバーの感想、特記点

   パスラインの調整などは、考え方をまったく変えたらゼロにすることができた。

図表 3-4　1日改善の報告書

3-16
管理者はパソコンを使うな（現場に出よ）

　生産性の向上や生産リードタイム短縮を阻害している問題点はすべて現場にある。**現地、現物、現実**の観察が必要だ。現場に潜む問題点の発見は、すべて現場の深い観察にある。この観察によって、真の問題点を発見し、改善していくのである。この現場観察をしないで、管理者は1日のうち40％～50％はパソコンのキーをたたいている。これは何を意味するのだろうか。CADの設計者がパソコンで設計している場合は別として、製造に従事する管理者がパソコンのキーをたたいているのは、誰でもできるデータ等の結果記録である。色刷りできれいに記録をまとめて何になるのか。

　指導例であるが、筆者と係長で作業時間の短縮改善を3時間かけて、20分作業を5分短縮して15分にした。次回の指導時、その係長はパソコンできれいに5分短縮のプロセスをまとめていた。そのまとめにトータル3時間かかったとのことだった。筆者は係長に、誰に見せるために3時間かけてまとめたのか聞いた。筆者は、その係長へこの報告書を3時間かけてまとめる時間があったら、その3時間に現場へ出て15分をさらに短縮しようとしないのか、アドバイスした。

　もう1つの指導例を示そう。2m先に座っている部下にパソコンで業務指示している管理者がいる。なぜ、直接口頭で指導しないかと問うと、パソコンで指示すると指示が具体的になるという。何をか言わんやである。

　ここで言いたいことは、パソコンの有用性を否定するではなく、パソコン活用の意味を管理者に真剣に考えてもらいたいということだ。

3-17

調整時間を短縮せよ

　段取作業において時間を要するのは調整作業である。改善リーダーは、この時間を要する**調整時間**を短縮していかなければならない。筆者の改善指導事例を示そう。この会社はプラスチックの押出加工をしている30名の中小メーカーである。

　押出成形の作業者が一番苦労するのが金型を交換後、**図表3-5**に示すような押出成形品の寸法になるように調整する作業である。この調整作業こそ押出成形の作業者の力量なのである。

　作業者が第1回目の調整では、Aは28.5で合格であるが、Bは19.0の規定に対して18.2と規定寸法より小さい。これはプラスチックの押出量が少ないからである。だから、スクリュー回転数16rpmを18rpmに上げた。するとBは19.3に上がり規格に入ってきた。このスクリュー回転数をアップしたことにより、Aが28.5から29.0と大きくなり規定オーバーしてしまった。この寸

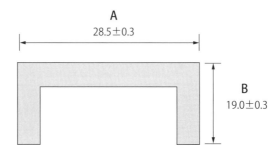

図表3-5　押出し成形品

法を小さめにするには、今度は引取速度を早くする必要がある。そこで、現在の引取速度1.1（m/min）を1.2（m/min）に上げた。この結果Aは28.5、Bは19.1となり、A、B共に寸法は合格圏に入った。このように、寸法が小さい場合は押出量をスクリュー回転を上げて増やす。また、寸法が大きい場合は引取速度を上げて小さくしていく。

　簡単な押出成形品の例であるが、実際の構造は複雑なものが多い。しかし、調整の原理は2つである。寸法が小さい場合はスクリュー回転を上げる。寸法が大きい場合は引取速度を上げるという2つの量的調整なのである。この調整こそ力量である。

　この工場の製造課長は、この調整をできるようになるには最低1年はかかると言っている。筆者のアドバイスにより、この調整条件を手順書にまとめてくれた。2カ月でマスターできると約束してくれた。筆者の経験からすれば2カ月間で十分である。要は、この手順をつくることである。この押出成形品の種類は100種あるが、B寸法19.0の狙いに対して18.2なら狙い寸法に対して、4%不足したら回転数を2rpm上げるという調整条件を決めれば、どの押出し製品の調整にも適用できるのである。

　この筆者のアドバイスを聞いて、製造課長は調整条件を決めてくれて、新人でも2カ月でマスターできるようになった。今まで、このように調整条件を定量化できるとは思わなかったので、目からウロコが落ちたとのことであった。このように調整作業は経験を積み重ねて体得するだけでなく、調整条件を手順書に定めて教えれば短い時間で調整作業をマスターできるのである。

3-18

管理者は3カ月間の
挑戦目標を決め必達せよ

　これは携帯電話の部品をつくっている110名の中堅メーカーのコストダウン事例である。

　上位目標の3カ月で月4000万円の赤字を月2000万円にするために目標展開を行った（**図表3-6**）。次に、この展開された目標を達成させるための具体的施策（3W1H）として、誰が、いつまでに、何を、どうやっていくかを明確にしてから改善活動に入る。ここでは、4つの施策を行い、目標を達成した。

　この具体的施策の計画が重要である。このアプローチにより、3カ月で3000

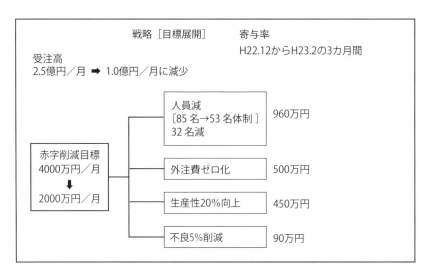

図表3-6　月2000万円のコストダウンさせるО式挑戦目標必達法における目標展開

万円／月のコストダウンを実現した。

　改善リーダーには、このように改善をシステマティックに進める方法があることを知ってもらいたい。改善は部分的に進めても挑戦目標に響かないケースが多いのだ。

コラム

考えると決める

　考えると決めるのは順番が大切だ。多くの人は、「考える」→「決める」という順番で物事を進める。

　例えば、倉庫内の整理・整頓をするという課題があったとする。そうすると、まずどこから整理・整頓するか、誰に確認すべきか、などどのように進めるかを検討する。そのうえで、いつまでに整理・整頓を完了するかという期限を設定するのだ。こうしていると、ほとんどの場合、整理・整頓作業が進まない。

　改善活動においては、順番を逆にして「決める」→「考える」とする。まず、期限を先に「決める」、そして、その期限までに完了する方法を「考える」のだ。こうすると活動に速度感が出てくる。第35代アメリカ合衆国大統領であるジョン・F・ケネディは、1960年代に人類を月に送ると宣言した。そして、1969年7月アポロ計画により現実のものとなった。人類が月へ降り立つまでには、気が遠くなるほどの調査や準備が必要だろう。もしこれを研究者が「考える」ことを先にしていたら、未だに人類は月へ到達していないのではないだろうか。

3-19

計画で計画を立てよ

「計画で計画を立てる」の意味を筆者の事例で説明しよう。

ある組立工程の組立グループは、1人のリーダーと5人の作業者で構成されている。リーダーは翌日の生産計画を立てるのであるが、この計画の立て方に問題があった。

このリーダーは、まず組立工程の前に置かれている仕掛品を見て、5人の翌日の作業指示をつくっている。この仕掛品は、5人が午前中にやるものしか置かれていないので、5人には午前中にやる計画しか出していない。

筆者はリーダーに、午後5人の組立の仕事をどうするのかと問いかけると、前工程から来た仕掛品の量を見て決めるという。これでは5人が午後やるものが計画されていないことになる。

そこで、筆者の指導は、仕掛品が来ていなくても、前工程の計画を見て、5人の1日分の組立計画を立てることである。すなわち、現在の組立工程の前の置場にある仕掛品だけを見て計画を立てるのではなく、組立前の前工程の生産計画を見て組立の1日分の計画を立てることである。

ここでは組立についての一例を触れたが、この「計画で計画をつくる」は全工程に適用できるのである。自工程の前に置かれている物を見て、計画を立てるだけでなく、翌日1日分の計画を立てるのが「計画」である。これは当たり前のことだが、改善リーダーは、「計画で計画をつくる」意味を正しく理解してほしい。

3-20

納期遅れ、クレーム、社内不良は すべて管理者が出している

　原因があって結果が生じる。これは、お釈迦様が発見した法則である。中小メーカーは、受注減の中、納期遅れやクレーム、社内不良で決算を悪化させている。これらは、すべて仕事のやり方に起因している。

　納期遅れは、しっかりした生産計画を立てて計画通りにつくっていないからだ。クレームを出しているのは、クレームを出す仕組みでつくっているからだ。社内不良についても、社内不良を出す仕組みでつくっているからだ。

　納期遅れを出している悪知恵の1つはロット合併である。ロット合併は段取回数を減らす手段であるが、段取時間の短縮によって止められるのである。

　クレームとは社内で不良を見つけなければならないのに、顧客に渡してしまうことだ。この防止策は種々あるが、一番効果があるのは、管理者のクレーム責任を明確にして、次のボーナスを減額していくことである。例えば、1件のクレームに対してボーナスの10％減のルールをつくることだ。この減額率は、社長や事業部長が決める。日本の管理者は「責任をとる」という表現が好きだが、責任の意味を理解していない。責任をとるとは、収入が減ることである。

　社内不良については、監督者（現場リーダー）の責任ととらえる。不良は作業者の責任にしてはいけない。監督者が部下の作業者へ正しい作業（製造条件および手順）を教えていないから作業者に不良を出させた、ととらえる。

　このように、納期遅れは生産計画者責任、クレームは管理者責任、そして社内不良は監督者責任という仕事のやり方（光線の当て方）によって激減していく（影がなくなる）のである。すべては原因の結果なのだ。

3-21

状況報告でなく管理報告せよ

　報告には「状況報告」と「管理報告」がある。
　ある印刷会社の営業報告会を聞く機会を得た際、7名の営業マンが1人ずつ社長や管理者の前で先週の活動報告をしたのである。筆者は聞いていて驚いた。全員が先週やったことの状況報告だったのだ。「どこどこの顧客へ行った」「受注は200万円とった」「納期遅れがあり顧客に叱られた」「先週はユーザー回りができなかった」など、これらの報告で、筆者には何も響くものがなかった。
　管理報告とは、先週立てた計画に対して、実施・達成状況はどうだったか、計画未達の原因は何か、その対策を今後どう活かすか、この説明が管理報告なのである。この管理報告がされなかった原因は、各営業マンの週計画がないからである。筆者は、上記をその場で社長に指摘した。社長は、その場で7名の営業マンに来週より、金曜日の午後に週計画(月～金までの行動計画)を提出する指示を出した。
　そして、筆者は追加アドバイスした。計画とは、例えば月曜日の計画欄へA社とB社訪問と書くだけではいけない。それは「計画」でなく「項目」である。計画はA社の誰に会い、何をPRするのか、そのための作戦を練ることまで含むのである。この「作戦」にポイントがあるのだ。計画の重要度に気づくことだ。
　言う間でもなく、改善リーダーは、状況報告でなく管理報告しなくてはならない。

3-22

検査は訓練で早く正確になる

　検査ボックスを活用すれば、検査精度と検査速度はどんどん向上していく。

　検査ボックスとは、ボックス（箱）の中に製品を50個入れ、その中に1個不良品（寸法はずれ、または外観不良）を入れておき、この不良を何分何秒で検出できるかを確認するのだ。この検査ボックスで検査の力量、検査力がわかる。

　時には、不良を入れないで良品だけにしておき、良品だけですと答えられたら合格である。改善リーダーは、検査力を向上させる方法として検査ボックスを有力な手段と考え、活用してほしい。検査力のアップに検査ボックスで何回も何回も訓練させるのである。

　検査の技能大会もこの検査ボックスが有効である。最も短い時間で不良個所を見つけた人が優秀な検査者なのである。始業時、検査員にこの検査ボックスで検査させることで、検査感度が上がるのである。

これだけで
検査精度と
検査速度を
アップ!!

> コラム

IE とトヨタ生産方式の違い

　トヨタ生産方式（Toyota Production System：TPS）は儲かる IE ととらえられている。ここでは筆者がとらえている両者の違いについて解説する。

　IE（Industrial Engineering）とは、決められた時間に最適の原価で望ましい数量および品質の生産を達成するために、人・設備・資材を利用し調整する技法と科学である。IE は今日の生産方式の基礎である。IE は次の 6 つの手法から構成されている。

　①工程分析　　　②動作分析
　③時間研究　　　④稼働分析
　⑤ PTS 法　　　⑥レイアウト法

　TPS は JIT（Just In Time：必要なものを、必要なとき、必要なだけ、必要な工数でつくる）である。TPS は IE 的工程改善と根本的に異なる。TPS は儲かる仕組みの構築を狙いとする。まず、TPS は儲かる生産計画、日産計画や強い現場リーダーをつくる。日産計画とは、現場リーダーが作業者に対して、時間を入れた日々の計画を出し、進捗フォローする。JIT の具現化である。この仕組みづくりの実践によって生産性を向上していくのである。

　ただし、この仕組みづくりにおいて、多品種少量生産型のメーカーの場合、「かんばん」の適用は誤りである。筆者は中小メーカー向けのトヨタ生産方式を確立し、360 社指導してきた。要は、TPS は生産性目標を決め、これを実現し、儲ける仕組み構築に価値をおく。単に部分的に工程改善する IE アプローチと根本的に異なる。現在、生産方式には種々あるが、すべて IE と TPS をベースに生まれているといっていいだろう。

第4章

工場改革に役立つ教えを実践しよう

4-1

「意見」でなく「事実」で話せ

　管理者や監督者は意見で話すことが多い。だから改善がなかなか進まない。

　例えば、本日時点でどういう不良がどのくらい出て、その損失金額はいくらか、と問いかけても、はっきりとした答えが返ってこない。「今月は前月より不良は減っています」「不良低減活動には力を入れています」という類の意見を言うだけである。

　事実をベースに話していないので、具体的なアクションに結びつかない。営業と工場間でも然りである。製品在庫についても両者間で「多い、少ない」という意見を言い合っているが、在庫の実体、事実に基づいて議論しているのではなく、自分の都合の良い意見だけ言っている。いずれにせよ、工場改革しようとするには、意見でなく事実で議論しなくてはならない。

　これは品質管理の基本「データ＝事実」である。生産性向上やリードタイム短縮を図ろうとするとき、現場を深く観察し、事実で改善を進めていかなければならない。特に、管理者や監督者は事実に基づいて言っているのか、意見で言っているのかを区別しなければならない。そして、事実をベースに意見を構成するのである。

　管理者は、自分の職場で発生している問題について、事実を把握したうえで「数字」で答えられるようにしてほしい。よく、この数字はパソコンに入っていますと答える管理者がいるが、これは回答にならない。管理者が事実で答えられる習慣をつくっていかなければ改善は進まない。

4-2

「難しい」と言うな

　「先生、それは難しい……、無理です」
　改善を進める際に、よく改善メンバーが言う言葉である。筆者は「その"難しい"という言葉は使うな！」と注意する。
　難しいという言葉を使わないで、具体的な問題点を説明しなければならない。「難しい」という言葉は、むしろ、その具体的な説明を聞いた他の人が言うべき言葉なのだ。
　そもそも、難しいという言葉は、改善対象物をよく観察していないということだ。改善メンバーは、もっと具体的にその問題の核心を事実で言えなければならない。
　また、改善メンバーの好きな言葉がほかにもある。それは「今、検討中です」、「ほぼ検討が終わりました」である。
　"検討中"でごまかしてはいけない。この検討中の内容を具体的に説明することが、中間報告なのである。"ほぼ終了"という表現も良くない。その内容を具体的に説明することに価値がある。
　だいたい、"検討中"とか"ほぼ終了"は、未だ検討していない言い訳の場合が多い。検討中の内容を具体的事実で報告し、改善リーダーが打開策を打つことが改善速度を上げるのである。この意味がわかると改善力は一歩向上したことになる。

4-3

「適正」という言葉を使うな

　「今のやり方が最適だ」「今の製品在庫は適正だ」

　管理者や監督者が好きな言葉である。もし、この最適や適正を認めるなら、改善を否定していることになる。

　トヨタ生産方式を確立された大野耐一氏は「今のやり方は一番まずいやり方」といわれた。これは、改善の余地がいっぱいあるとの教えである。だから「改善は無限」であることを意味する。「適正」という言葉を使うと、「改善は無限」という言葉も否定していることになる。

　筆者もかつてトヨタ生産方式の真の実践者に7年間（月1回）現場で指導を受けた。もし「今のやり方が最適です」と言ったら、指導は中断である。なぜなら、今のやり方が最適ですといったら、改善余地がありませんと言っていることになる。

　どうも製造の管理者や監督者は最適とか、適正の言葉が好きである。本人は無意識に言っているのであるが、もう改善の余地はありませんと言っているのである。

　改善リーダーは「最適」や「適正」という言葉を使ってはいけない。「今のやり方は一番まずいやり方」や「改善は無限」という言葉を使って改善を追究しなくてはならない。

4-4

つくったものを運ぶでなく運ぶものをつくる

　トヨタの物流に関する教えに「つくったものを運ぶのでなく、運ぶものをつくる」がある。
　「つくったものを運ぶ」は、ものができてからトラックを呼ぶという考えで、客を無視したものであり納期遅れ容認型アプローチになる。
　「運ぶものをつくる」は、トラックがきたら、すでに出荷品が置かれている状態である。「運ぶものをつくる」とは、具体的には、本日の出荷分をきちんとつくることである。本日の出荷指示とは、何時にトラックが来て、何を、どこへ持って行くかを示したものである。
　例えば、本日午後5時出荷のためトラックが5時に工場出荷場に来る。しかし、5時に未だその製品ができていないので、梱包もしていない。そこで、トラック運転手に工場の休憩室で1時間待ってもらう。場合によっては2時間以上になるケースもある。これが「つくったものを運ぶ」だ。
　午後5時にトラックがきたら、すでに出荷製品の梱包も終わり、すぐ積める状態になっているのが「運ぶものをつくる」だ。

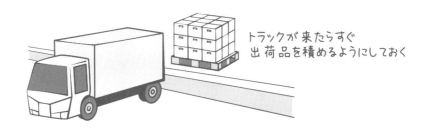

生産計画がきちんとつくられていなかったり、計画はできていても進捗管理ができていないで製造が遅れ、トラックの運転手を待たせるようなことがあってはいけない。モノづくりは「運ぶものをつくる」に徹しなければならない。

コラム

セレンディピティ

　セレンディピティとは「予期しない幸運を発見するという能力」という意味である。筆者は、この言葉が好きである。トヨタ生産方式をつくられた大野耐一さんは「認識」という言葉が好きだった。人は不思議に、その人に好きな言葉があるものである。

　先日、千駄ヶ谷付近を歩いていたら、「Serendipity」の言葉が飛び込んできた。よく見たら、結婚式場だった。結婚はお互いの思わぬ出会い、セレンディピティである。

　レントゲンの発見やペニシリンの発見も、ある狙いに向かって種々の実験をしていたとき、異常現象が出て、これがきっかけとなり発見に至った。これもセレンディピティである。新薬の研究もセレンディピティを期待して取り組んでいるそうである。

　ただ、あまりセレンディピティを期待しすぎるとセレンディピティはやってこなくなり、研究費がかかりすぎるそうだ。工場改善において、1つの目標に向かって真剣に取り組むことが重要である。この取り組みを進めていくと、もっと価値ある目標に気づくことがある。ここにセレンディピティの価値があるのだ。このセレンディピティを期待しながら工場改善を進めていくのは楽しみに1つである。

　改善リーダーには、この楽しみを求めて、大改善に（常識打破）に取り組んでほしい。

4-5

「わかった」とは実施できること

　改善を進めていくうえで、「わかった」と「実施する」の間には大きな壁がある。「わかった」という時点では何も改善は進んでいない。「実施する」で改善が進むのだ。この大きな壁ができてしまうのは4つの理由が考えられる。
　①わかったと言っても理解度が不足しているために実施できない
　②これをやるとほかに問題が出そうで実施できない
　③失敗しそうだから気が進まない
　④やる気がない
　①に対しては、理解してもらうために繰返し説明する。そして、実施してもらう。
　②に対しては、心配の先取りをするなといって実施してもらう。
　③に対しては、失敗しても良いからやってみろと指示する。
　④の「やる気がない」は論外である。まず実施に移すことが第一の関所だ。この関所を通過して実施してみた結果、真の問題点に突き当たるのである。この突き当たった問題点を解決するのが改善なのである。だから、改善までのプロセスは「やってみる」、次に「問題に突き当たる」、そして「問題解決＝改善」である。このプロセスを踏まない限り改善は進まない。まず、「実施してみる」からスタートする。
　「石橋をたたいて渡らない」の諺があるように、石橋を渡らない、実施しないが一番悪い。石橋は小川なのだから、たたかずに渡り、たとえ小川に落ちてもたいしたケガはしない。まず、やってみるという気持ちで改善を進めていきたい。

4-6

過去を問うな

　西洋の諺に「こぼれたミルクを嘆いても仕方がない」がある。日本の諺でも「覆水盆に返らず」という言葉がある。

　改善リーダーは過去に改善したことや、今までやってきたことについて問うてはならない。それは、過去は変えられないのだから、問う必要がないからである。

　かつてはこうやっていたが、こう改善したとか説明したがる管理者が多い。これを聞いても意味がない。また過去のやり方の悪さを問うても意味がない。

　要は、これからどう改善していくかが勝負なのである。過去は、良いことであれ、悪いことであれ、ムダなつくり方をしてきても問わない。ここが重要な発想である。

すでにこぼれてしまったミルクは元に戻らないのである！

4-7

死亡診断書を書くな

　どのメーカーも品質や生産性に関するデータは多い。しかし、これらのデータにはアクションに結びつかないものが多すぎる。このアクションに結びつかないデータを「死亡診断書」と呼んでいる。

　携帯電話の部品をつくっているメーカーの例であるが、毎週不良の詳細報告が30枚以上出される。不良が余りに多く、かつ不良低減のアクションがとれるように示されていないので、誰もアクションがとれない。正に死亡診断書の代表例である。

　社内不良はアクションをとらない限り減らない。当たり前である。データを集計し分析することは、不良低減のアクションが取れるところまでもっていくということだ。いいデータからアクションが取れるのではなく、アクションが取れるのがいいデータなのだ。改善リーダーは、くれぐれも死亡診断書をつくることのないよう注意したい。

山のように不良報告書があっても
アクションをとれないもので
役に立たない！

4-8

言い訳を言うな

　管理者や監督者は、1つの改善を進めようとすると、すぐに「これをやると不良が増えて問題になる」など、やりもしないうちから言い訳をする。
　「まずやってみよう」という姿勢が改善には必須である。もし、これをやることで仮に不良が増えたり、または生産高が落ちたら、その時点で次の手を考えればよい。最悪の場合は元に戻せばよい。だから、まずやってみることだ。結果を恐れていたら何もできない。
　技能経験者や技術に詳しい人は、特に改善前にできない理由を言いたがる。これは悪い癖なのである。できない理由を自己の経験知識を武器に得意になって話す。
　しかし、できない理由ばかり言っている管理者も少しずつ変わってくる。言い訳に疲れてくるのである。虚しさを感じてくる。その気持ちの変化こそ改善力の第一歩が芽生えたのである。

4-9

ゼロベース発想せよ

　改善を進めるための発想には、「積み上げ型」と「ゼロベース」の2つがある。例えば、現在6人でやっている作業を3人でやる作業に改善するとする。

　積み上げ型は、まず6人の作業を観察して6人の作業のムダを見つけ、このムダとりで、3人でやる方法に改善していく。しかし、このアプローチでは、3人の大幅な省人はできない。せいぜい1人省人程度である。

　ゼロベースは、6人の作業分析をしないで3人でやる方法を創造的につくり出していく。6人を3人でやる作業方法は、ゼロベース発想でないとできない。6人を3人にするには、新しいやり方を根本から考えなければならない。最初から3人でやる方法を考えていくのだ。

　かつて松下幸之助（パナソニック創始者）氏は5％のコストダウンより、30％のコストダウンの方がやさしいと言われた。30％のコストダウンは、今のつくり方を根本的に変える必要があり、ゼロベース発想である。一方、5％のコストダウンは積み上げ型で限界があり、むしろコストダウンが難しいということなのだ。改善リーダーは、ゼロベース発想で改善を進めてほしい。

　実は、このゼロベース発想はデリダ（フランスの思想家 1930~2004年）が脱構築で提案しているのだ。ゼロベース発想は、近年脚光を浴びているものだが、起点はデリダの脱構築にある。

　これは既存の構築物を解体し、構築し直す。すなわち、ゼロベース発想の価値を訴えている。この脱構築（ゼロベース発想）こそ、分析型アプローチから設計型アプローチをやれと言っている。

4-10

出荷するものだけつくれ

　出荷するものだけをつくることで、生産性が大きく向上するケースがかなりある。改善リーダーは、出荷するものだけつくるという考え方を持つことで、大きな改善ができるようになる。

　例えば、従業員 40 名の成形機 10 台を持つ A 中小メーカーでは、検査員が 20 名いて、一生懸命検査業務を行っていた。出荷するものだけつくるという考え方で現状を分析してみたら、出荷量は日々異なるが平準化（例：3 日先までの検査量を考え、必要検査員を決める）して検査員を決め、工数算出すると、検査員は 5 人で十分ということがわかった。

　ところで、残りの検査員は何をしていたかというと、検査前に 7 日分の仕掛品（未検査品といってよい）があり、出荷日は決まっていないが、いずれ出荷するということで、検査を行っていたのだ。つまり、かなり先の出荷予定分まで前倒しして検査していたということだ。

　C 中小メーカーの工場では、成形さえ終了していれば、後は検査して出せば良いという考えであった。仕掛品が 7 日分もあるため、倉庫担当が 3 人もおり、3 人とも忙しそうに仕事をしている。さらに、夜間も成形機を稼動させ、検査前の仕掛品を作っている。翌日出荷するものだけ本日検査すればよい。本日検査するものだけ前日に成形すればよい。検査の前工程である成形機の能力があっても、次工程の検査が翌日やるものだけつくり、それ以上成形加工してはいけないのだ。

　この改善の結果、C 中小メーカーは、赤字工場から黒字工場に変わったのだ。

4-11

5Sをやっただけでは生産性は上がらない

　多くの中小メーカーは、5Sをやれば生産性が上がり、コストダウンできると考えている。そう考えて5Sを実施している工場が多いが、それだけでは生産性は上がらない。

　工場における整理・整頓は**物申す**からスタートさせることだ。物とは入荷部材、仕掛品、完成品をいう。この"物"が人に聞かないで、すなわち"者申す"ではなく、今ここにあるのが正常に置かれていることがわかるようにすることである。これは置き場所名とそこに置かれている物が何であるかがわかる表示をすることである。

　整理・整頓の対象は、まず"物"からやる。二番目は金型や刃物など、製品を形づくる物の整理・整頓である。三番目の測定器も同様に行う。最後が工具である。この整理・整頓をきちんとしてから、5Sの残りである清掃、清潔、躾と進めていく。この整理・整頓の意味と価値は物を探す時間を最小にしてくれることにある。

　物を探している時間はお金（付加価値）を生まないからである。今、ただ5Sをやればよいと考えている中小メーカーは多い。この意味を正しくとらえて行わないと生産性向上に繋がらない。改善リーダーは、ここをよく考えてやらないと5Sは真に価値あるものにならない。

4-12

良い仕事をやった尺度

「今月、工場が良い仕事をしたことは、"何の尺度"で評価していますか？」
　この問いに明確に答えられる管理者はほとんどいない。筆者の場合、この問いは、工場改善の第一の質問になる価値がある。
　「何の尺度」という発想が意外にない。今までのやり方を引き継いでがんばってやっているのが現状である。中には、1カ月の生産数量だけで評価している工場もある。残業してでも、休日出勤してでも、出荷予定がなくても、とにかく月の生産数量さえ上がればよいという発想だ。言うまでもなく、これが工場が良い仕事をした尺度になるはずがない。
　終戦後、デミング博士が来日され、日本企業を回られ、管理者に面談され、次の質問をされた。
　「あなたは良い仕事をしていますか」
　ほとんどの管理者は「はい」と答えた。
　「それでは、あなたは良い仕事をしているとのことですが、どういう尺度で評価していますか」
　この質問については、はっきりした答えは得られなかった。このデミング博士の第二の質問は極めて重要な意味があり、改善リーダーとして非常に役立つ教訓である。改善リーダーは、良い仕事をした尺度を持って改善を進めよう。

4-13

もう1人の自分に相談せよ

　自分の中にもう1人の自分を設定するのは一見、矛盾のように思えるが、物事の深い追究をする場合、有力な働きをしてくれる。1人は「今の自分」であり「もう1人の自分」は今の自分より理性的かつ客観的に判断できる自己である。

　図表4-1を参照してほしい。「今の自分」の中に「もう1人の自分」を置くのである。今の自分が考えていることを「もう1人の自分」に問いかけ相談するのである。すると「もう1人の自分」がその考えは未だ浅くて問題だから、もう一度考え直しなさいと教えてくれるのである。「もう1人の自分」と自問自答しながら考え方がどんどん深化していき具体的改善への速度を早めていくのである。

　この自問自答の回数を重ねるに従って、「今の自分」と「もう1人の自分」の考え方は成長していくのである。「もう1人の自分」への働きかけは心配事

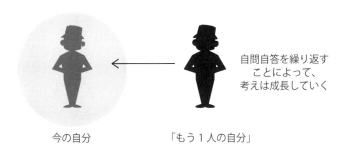

図表4-1　もう1人の自分

に遭遇したときにも大いに役立つ。「今の自分」では思いつかない解決策を教えてくれる。これはユニークアイデアを出す場合にも「もう1人の自分」に相談すると、「今の自分」に気づかなかったヒントを教えてくれる。

「今の自分」の固定観念や自我を取り除いていくと次第に「もう1人の自分」の考え方に接近してくる。この接近をするほど自己は成長し、ユニークな新しいアイデアが出てくる。これは真理である。「もう1人の自分」を設置することは、改善力育成に必要な能力の1つである。

コラム

日記をつけよう

　改善を進めていくと、改善力をつけていくのに必要な"気づき"が出てくる。この"気づき"を日記に書いておくとよい。これは自己成長プロセスといってよい。日記だから、他の人に見せる必要はない。
- 自分は改善に参加しても、積極的にアイデアを出していない
- 今日は常識を破る良い改善を出し、自分に自信がついた
- 「稼動率と可動率」の区別がやっとわかった
- Ａ不良の原因をつかめてうれしい
- 自分には未だ改善についての真の情熱がないが、どうしたらもっと情熱がでるか
- 上司とコミュニケーションが良くないので、何とか工夫しよう
- 仕事が楽しくない、どうしてか

　以上のように、何でもよいから寝る前に数分で日記を書くことである。「書くこと」は不思議な効果をもたらしてくれる。まず、自己が冷静になれることである。書けないときはパスすればよい。

4-14

この1カ月間の存在を証明せよ

　管理者の1カ月間の存在証明は、今月自分は何をやって会社に貢献したか、を明確にできることである。

　管理者は、日常業務に埋没するだけでなく、挑戦目標を達成してこそ1カ月間の存在証明ができる。ここが大切な点なのである。ただ会社へ出勤していただけでは管理者の存在証明にはならない。工場で実際の生産活動をして売上や利益をつくっているのは、現場の作業者であり、機械なのだ。では、管理者は何をして会社に貢献したのか。

　筆者自身、これを痛いほど感じた。また、指導する立場になり改善メンバーにこれを要求している。トヨタ生産方式の実践者から指導を受けた初期に「今月、あなたはトヨタ生産方式の推進責任者として何をやったか言ってみてくれ」とよく問われた。これにきちんと答えられることが1カ月間の存在証明なのだ。

　筆者は、この問いをかけられたとき、この意味がわからなかった。トヨタ生産方式の推進責任者としてリーダーシップを発揮して、工場の生産性が向上したではないか、と言いたいのだが、トヨタ生産方式の指導者は、これは工場長がやったととらえ、推進責任者である筆者の評価とはならないという。

　トヨタ生産方式の推進責任者として何をやったかである。トヨタ生産方式を進める場合、管理者の中には抵抗を示し改善が進まない場合が多い。その場合、筆者がその頭の固い管理者と一緒に改善をし、この改善を通してどれだけその管理者の考えを変えさせたか、これがトヨタ生産方式の推進責任者の1カ月間の存在証明なのである。筆者がこれに気づくのに数カ月かかった。

4-15

運搬回数をどんどん増やす価値

　常識打破という視点から言うと、非常に重要な発想として、「運搬回数を増やせ」がある。「運搬は一度に多く運ぶのが一番効率が良い」と記してある工場改善テキストがある。しかし、モノづくりの運搬は、小刻み多回数運搬に価値がある。

　図表4-2の製造ロットと運搬ロットの関係を見てほしい。

　今、A工程での製造ロットを100とする。このA工程で100個つくり、この100個を1回で運搬するのが一見効率良く見える。この場合は、製造ロット＝運搬ロットである。さて、ここで運搬ロットを10個としよう。A工程で10個つくったら、10個をB工程へ送る。そうして、10個ずつB工程へ送り続けるのだ。モノづくりの本質は、モノの流れを早くすることにある。すなわち、リードタイム短縮に価値がある。

　確かに、製造ロット＝運搬ロットにすれば、運搬効率は良く見える。しかし、

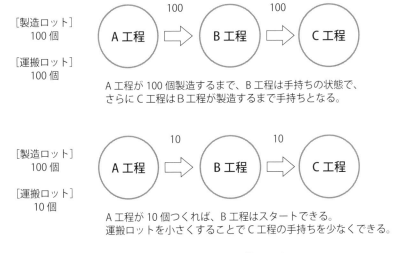

図表 4-2　製造ロットと運搬ロット

次工程へ渡すのが製造ロット単位になり、流れは遅くなる。小刻み運搬には、経済性を度外視しろ、という意味はここにある。製造ロットと運搬ロットに分けて考えると、小刻み多回数運搬は、製造ロットを小さくするのと同じ働きをする。

このように、小刻み多回数運搬は、モノの流れを早くさせる。すなわち、リードタイムを短縮させる効果がある。「運搬は一度にまとめて多く運ぶのは効率的である」これは一見、合理的に思えるが、モノづくりの盲点・錯覚の1つなのである。

改善リーダーは、常識打破する視点を多く持っていなければならない。その重要な視点の1つが、この「運搬回数を増やす」なのだ。

4-16

偶然設計をやってみる

　「偶然設計」を説明しよう。これは営業マンに実践してもらった事例だが、まず、面識のない客先企業の発注権を握っている人の趣味・関心事などを調べる。趣味・関心ごとには、ゴルフ、釣り、麻雀、カラオケなどであり、仮に客先企業の発注権を握っている人が、釣り好きだとする。そうしたら、3カ月以内に、その人の隣で釣りをする工夫をする。これが偶然設計である。

　相手は偶然でも、こちらは必然の設計である。そして、その場では自分の身分は言わない。相手の身分も聞かない。とにかく釣り友達になるのである。そして、いずれその人の会社へ伺い、そのキーマンと会い偶然を強調するのである。不思議と商談はうまくいく。

　相手の趣味がゴルフならば、その人のチームの後のチームで回るようにすればよい。1ラウンド回る途中で必ず会話を交わすチャンスがある。また、彼がショートホールでワンオンしたら褒めるチャンスができるし、さらに休憩所で会うチャンスもある。

　とにかく、このように偶然会ったことにして、まず顧客のキーマンと趣味で縁をつくるのである。近頃は、顧客のキーマンに会おうと思っても、なかなか会ってもらえない場合が多い。

　実例を示そう。K市にある50人の建設会社の営業部長に、偶然設計することをアドバイスした。彼は、いろいろと調べた結果、K市にある顧客のまだ会ったことのないキーマンの趣味がクラシックを聴くことと知った。K市にクラシックコンサートがやって来た。彼は、そのキーマンの後の席をとった。キー

4-16 偶然設計をやってみる

トライしてみる価値がある
偶然設計

　マンは、ご夫妻で来ていた。そして、ご夫妻の後ろの席にいた口実をもとに休憩時間に会話を交わすチャンスをつくった。もちろん、自分の身分を明かさず、相手の身分も聞かない。

　そして、数日後、正式にキーマンの会社を訪問した。キーマンは驚いて「何かの縁ですね」と特別に彼を部屋へ入れてくれた。そして、キーマンからプロジェクトがあることを聞き、彼は思い切ってそのプロジェクトの見積りをさせてほしいと依頼した。キーマンは、工事落札の約束はできないが見積りを出してみなさいと言ってくれた。

　その後、いろいろな経緯があったが、この縁のお陰で受注することができた。偶然設計が効果をもたらした一例である。偶然も縁なのである。書店で売っているマーケティングの本は、基本的には、その作者の成功体験ベースであり、他社の営業活動には必ずしも役に立たない。これより、モーパッサンやO・ヘンリーの短編小説の方が役に立つのではないかと思う。

　とにかく「偶然設計」をやってみよう。人間は縁をつくり得るものなのだ。当たり前のアプローチでは受注に結びつかない。そのため、ユニークなアプローチをしてみよう。偶然設計は、この有力な営業手段の1つである。

4-17

アイデアを組み合わせよ

「アイデアは既存のわかっている2つの組み合わせだ」

これはジェーム・W・ヤング（1886～1973年）の言葉だ。よく考えると、我々凡人にはまったく新しいアイデアは生まれない。必ず、2つの既存のわかっていることの組み合わせなのだ。タイヤは、サッカーボールと自動車の鉄車を結びつけたものだ。

ある装置の冷却が必要なところにペルティエ素子を利用した。これは新しいアイデアである。ペルティエ素子とは、異種金属を結合し電流を流すと、結合部分が冷却される機能を持っている。この応用が新アイデアである。

改善を進めていく際、壁にぶつかったら、新しいアイデアが必要になる。そのとき、まったく新しいものを考えるのではなく、すでにあるものの「新しい組み合わせ」を考えよう。

馬車 ＋ エンジン ＝ トラック

4-18

真のやる気は死の自覚なり

　人生は有限である。80歳まで生きるとしても、2万9200日しかない。誰でも、有限な人生期間である。サラリーマン生活30年としても、1万日強しか働けない。「ポエシスはプラクティスなり」これは西田哲学の用語である。これは、モノづくりに例えると、改善は人間を成長させるという意味である。ポエシスが改善、プラクティスが人間の成長である。

　この限られたサラリーマン生活1万日に、自己の良さを発揮し、価値ある改善を行い、会社に貢献して、自己をどう成長させるかがとても重要である。この視点に立つと、真のやる気が芽生えてくると思う。人生、死まで有限なのだ。だから、筆者は、この有限の自覚こそやる気の源泉とみる。この考えは、人の成長をもたらす根源ととらえる。そして、意識変化の速度が速くなるのを実感している。真のやる気は、人生が有限である実感・自覚からくる。多くの管理者は、人生の有限性を忘れている。

4-19

挫折は生き方を変えるチャンス

　挫折は誰でも体験する。挫折の回数や深さは、人によって異なるが、いかなる挫折に対しても自信をなくすのではなく、自己成長のための天命ととらえたい。この挫折を体験しないで、自己の生きる道を見つけた人は少ないのでないか。
　「この道より我を活かす道なし、この道をいく」
　これは武者小路実篤氏の言葉である。筆者の座右の銘である。筆者は自己体験からも深い挫折ほど自己成長のバネになると確信している。
　筆者は在職中、強い挫折を体験し、これが契機となり技術士（経営工学）に挑戦し、7年間かけて取得した。幸運にも、この間、トヨタ生産方式の真の実践者に現場でトヨタ生産方式の特訓およびデミング賞の審査員より方針管理（TQMの有力武器）の特訓を受けた。技術士（経営工学）取得後、トヨタ生産方式と方針管理を組み合わせ、FL法を確立した。FL法という中小メーカー向けのトヨタ生産方式は、挫折をバネに上記2つの手法から生まれた。
　今、筆者は挫折に感謝している。筆者にとってFL法伝播が"この道をいく"である。挫折がこの道を作ってくれたのである。自己の生き方を見つけるうえで挫折の占める割合は大きい。挫折で失望するのでなく、自己成長のチャンスととらえると生き方が変わってくる。

4-20

自分の才能の限界に挑戦せよ

「自分の才能の限界に挑戦せよ」

これはノーベル賞を受賞した江崎玲於奈氏の言葉である。筆者の好きな言葉である。常識打破の精神にも合致する。

自分ではできない、無理だと思っていた改善を1つでもやってみることである。これを成し遂げれば成長につながる。改善リーダーは、これが一つできたら常識を打破したといえる。

ニーチェの「力への意志」は、このことを言っている。今までの自分ではやるのが難しいと思うことを、自分にはやれるという強い意志（これが力への意志）を持ってやり遂げるのである。今まで、できないと思っていたことができたことが大きな自己成長になるのでないか。これが自分の限界に挑戦する意味である。

4-21

高い資格に挑戦せよ

　資格をとっても役に立たないという人は多い。しかし、筆者は高い資格に挑戦するのは価値があると確信している。要は、小さな資格はいくらとっても役に立たないが、価値ある資格こそ第二の人生設計に役立つ。

　独立してコンサルタントに役立つ資格は、技術士（経営工学）か中小企業診断士である。これは、ほぼ定説になっている。この資格を得るのに最低3年間は真剣に勉強しなければならない。

　実は、この勉強期間中にコンサルタントになる実力が養われていくのである。特に技術士（経営工学）に受かるには、自分が確立した方式を種々のメーカーに適用し、業種別にうまくいくケースとうまくいかないケースの長短を明確にする実務指導体験を踏む必要がある。

　改善リーダーは、高い資格に挑戦する勉強中に改善力を高めることができる。是非、高い資格に挑戦してほしい。

4-22

１分のムダは 60 円を失う

　お金を生まない仕事をムダという。１人１時間当たりの付加価値が3600円なら、１秒間に１円、１分60円の価値に相当する。手待ちになったり、探し物をしたりしている状態では、１分60円以上のお金を失っているのだ。

　さらに付加価値が高ければ、60円以上になる。一見付加価値を生んでいるように見えても、今必要としないもの（いずれ客が買ってくれるからとつくってしまう）はムダであり。１分60円以上の金額を失ってしまう。改善リーダーは、このことを全作業者に周知徹底させることが必要である。

　１分60円以上は、１秒で１円以上の損失に相当する。工場改善には、全社員がこの認識を持つことが重要である。だから、お金を生まない作業は１秒でも短縮することが必要である。時間軸の感覚のない中小メーカーでは"１秒くらい"や"１分くらい"のとらえ方をしている。とにかく時間で仕事をしていく、１秒でもお金を生まない作業をなくしていくことが重要である。

　筆者が指導した中小メーカーでは「１秒でも時間短縮しよう」の大きな垂れ幕を工場にかかげ、効果を上げたケースがある。

4-23

資材倉庫が満杯になっているムダ

　多くの工場では、資材倉庫が満杯になっている。これが「常識」になっていて疑問に思う管理者は少ない。改善リーダーは、この「常識」に疑問を持たなくてはならない。具体的には、発注の仕組みをつくっていくのだ。
　資材管理者の力量は、下記の2つである。
　①欠品しないで最小の部材在庫で管理しているか
　②自分のお金で買うとしたら、こういう買い方をするか
　それでは、この2点を満たすにはどうすればよいか。部材の購入方法には2種類ある

(1)補充方式

　これは、第2章10項で示したように、現在の残量を示す現品票と補充方式（発注点・発注量）を決めて運用する。発注点は、例えば残りが10個になったら10個発注するという方式である。
　発注点の決め方は、例えば1日の製造における使用量が2個で、この調達日数が5日とすると、発注点＝2（個／日）×5日＝10個とする。これに安全在庫（日々の使用量のバラツキを考慮する）を2個としたら、10＋2で12個を発注点とする。こうすれば、残量がゼロになる前に次の12個が入ってくるから欠品しない。部材が300種あったら、300種の現品票と補充方式（発注点・発注量）の仕組みをつくる。
　こうして補充方式を決めて運用したら、部材の在庫は減ってくる。調達日数

を減らせば、この分の在庫が減ってくる。

(2)計画買い方式

これは納期に余裕がある場合に適用する方式である。例えばＡ材料について使用期日、発注数などを書いて表示しておく。

「2月20日使用分　Ａ材料　30個」

こうすれば、使用予定日までに材料が入ってきて、すぐに使うことができ、材料の在庫を持つ期間を短くできる。

この計画買い方式も欠品しないで最小在庫で管理する方法の1つである。補充方式は、顧客の要求に季節変動があるので、それに応じて発注点・発注量を変えていくのである。

補充方式か計画買い方式かの選択は、納期日にもよるが、ABC分析（パレート分析）を行い、金額の大きいものはなるべく計画買い方式で、そのほかは補充方式とするのがよい。

4-24

スループット会計を活かせ

　現在の会計法は、製品在庫を持っていると利益が増えるという特徴がある。これは、経営者に間違った判断をさせる問題点がある。改善リーダーには、経営に役立つ会計の発想法を知ってほしい。その1つがスループット会計の発想なのだ。これは簡単に言うと「製造原価（材料費＋加工費）を下回っても利益が出る」ということだ。わかりにくいので、事例で説明しよう。

　筆者が生産性向上の指導をしている62名のA板金メーカーであるが、月当たりの受注が8000万円から5000万円に落ち込み、月当たり600万円の赤字となってしまった。見積成約率は従来の30％から7％に落ち込んでしまった。作業も午後3時に終わり、62名×2時間＝124時間の遊び時間ができてしまった。ここでの主力s製品の1個当たりの直接原価は下記のようである。

- 材料費：1万円　　・加工費：1万円

　今まで、社長の見積方針は、営業部に対してこの直接原価以下では赤字になるので、これ以上で見積りを出すというものだった。しかし、この会社の1カ月の固定費（人件費）は1500万円であり、月の受注が5000万円と落ち込んでも固定費（人件費）は確保できているので、見積りは材料費（1万円）プラスアルファでよいのだ。したがって、A製品の見積り価格は次のようになる。

- 材料費＋プラスアルファ：1万円＋5000円＝1万5000円

　（プラスアルファ分は500円でも1,000円でもよい）

　すなわち、見積りを1万5000円で出しても赤字にはならずに、これにより受注が拡大すれば、利益が増えてくるのである。

4-25

ISO9001 内部監査は有効性重点で行え

　遵守性とは構築したシステムがどれだけ守られているかである。有効性とは遵守する価値があるか、もっと良いシステムの改善点はないかの視点で見ることである。

　品質マネジメントシステム（モノづくりを含む）についても、この2つの視点から見ていく。まず、このシステムは遵守されているか、さらに良い方法はないか。システムに問題ある場合は有効性に力点をおいてシステムを改善していく。

　品質マネジメントシステムの内部監査もこの2つの視点から見ていく。しかし、内部監査においてはどうしても遵守性にウエイトが置かれていて、有効性への突込みが不足している。例えば、社内不良が月当たり30件出ている場合を考えよう。この場合、現在の品質マネジメントシステムを構成している標準書の遵守性をチェックしても意味はない。システムを遵守した結果、この社内不良が出ているからである。すなわち、このシステムを構成している標準書に欠陥があるのであるから、この欠陥原因を追究し、是正を考え、標準そのものを変えなければならない。

　問題が発生している場合は有効性に力点を置く。だから、現時点で社内不良や納期遅延等の問題が発生している状況においては標準書の遵守性は意味がなく、この追究は時間のムダである。有効性追究に王手をかけなければならない。

4-26

セールスポイントを真剣に考えよ

　中小メーカーの営業の責任者は、自社のセールスポイントを答えられない。

　通常は、セールスポイントを明確にするために、**図表4-3**のSWOT分析を行う。

　Sは、Strength（強み）で、同業他社より優れている点を明確化する。中小メーカーはコアコンピタンス（自社にしかできない技術力・製品）を持っていない。だから、同業他社より優れている点がセールスポイントになる。次に、WはWeakness（弱み）であり、同業他社より弱いところを明確化する。Oは、Opportunity（機会）で、S（強み）を利用したビジネスチャンス（売上拡大等）を明確にする。TはThreat（脅威）であり、同業他社に負かされる脅威がある内容を明確にする。

　このSWOT分析は、営業部門、品質保証部門、製造部門、生産管理部門の責任者が集まって検討するとよい。実際は、同業他社情報は少なく、正しく把握していないので、正確な分析はできないが、SWOT分析を進めていくと、同業他社の情報入手のニーズが高くなってくる。

　他社情報は少ないものの、SWOT分析によって同業他社に対する自社の特徴や位置づけを客観的に見られるようになる。この分析プロセスを通して、自社のセールスポイントを浮き彫りにさせていく。どうしても自社の特徴が浮き彫りにならない場合は、新たにセールスポイントを創出していくしかない。その1つが総合リードタイム（受注から出荷までの日数または時間）を短くしていくことだ。総合リードタイムを、例えば2日かかっていたものを10時間に

S（強み）	W（弱み）
O（機会）	T（脅威）

図表 4-3　SWOT 分析

する。これは、顧客に感動を与え、受注が増える。

筆者の総合リードタイム短縮指導の2事例を説明しよう。

(1)吹出し口製品の例（受注から9時間で工場出荷）

　板金製造のD工場では、天井に取り付けるステンレスの空気吹出し製品を製造していた。通常、業界ではこの製品の納期は1～3週間である。筆者の1年間の指導で、受注後9時間で工場出荷できるようにした。総合リードタイム9時間を実現したのだ。この製品の工程はレザー、バリ取り、曲げ、溶接、検査、および梱包である。

　第一の改善ポイントは、受注後に顧客図面を入手したら、直ちに設計者に渡す。設計者は、1時間以内にレザー加工への指示を出すようにした。従来は、レザー加工への指示に2～3日を要していた。

　第二の改善ポイントは作業者の多能工化の訓練である。以前、作業者は1つの工程しかできなかった。レザーでの板取りはプログラムで行うので、それ以後のバリとり、曲げ、溶接、および梱包を1人の作業者が行う訓練をした。こ

セールスポイント

自社の強みで業績アップ！

の結果、10人の作業者が1個吹出し口製品をつくるのに、4時間でできるようにした。そこで、顧客に対しては、受注後9時間で工場出荷できる宣言をした。この活動により、3カ月で3割受注を増やした。顧客感動を得たのである。

⑵ モーター修理時間の短縮（受注から10時間で工場出荷）

　E工場は27人でモーター修理を行っている。ここでの時間短縮のポイントは、1人でモーターの故障診断から修理計画書を作成し、修理作業をできるようにしたことだ。これも「1個流し」の効果である。

　「どんなモーターでも工場に搬入されたら10時間で工場出荷します」

　このPR（インターネット）により、受注が拡大し、創業以来初めて月に1000万円の利益が5カ月続いた。これも総合リードタイム10時間のお陰である。そして、その後も売上と利益を拡大し続けている。

4-27

現状のモノづくりを変えないで ISO9001 を取得するな

　国際規格である ISO9001 は管理者が挑戦目標を決め、それを達成する要求はあるが、基本的には現状のやり方を文書化して守る、すなわち現状のモノづくりの維持活動にある。これが国際規格要求の 90% 以上を占めている。

　ISO9001 の認証取得会社の多くは、取得準備期間中に工場管理レベルを上げようとしないで国際規格を満たすことだけを考えてシステムを構築している。実際、国際規格は解釈が難しい点は多い。だから、規格の解釈をして、この規格を満たす努力をするだけで準備期間は終わってしまうのである。筆者は398回（617日）、ISO の審査しているのでよくわかる。準備期間中、工場のレベルを上げる活動（クレーム撲滅、生産性向上、リードタイム短縮など）をしないで、すなわち現状の仕事のやり方を改善せずに、単に国際規格を満たすことだけを考え、現状のやり方を文書（標準書）にまとめ、現状維持をしている。

　これはどういうことかというと、今のモノづくりの悪さをそのまま引きずって維持していることになるのである。**図表 4-4** に示すように、取得準備中に工場管理レベルを上げる前に点線のように現状を横ばいするだけになってしまう。これは驚くべきもったいない"ムダ"である。ISO9001 認証取得にはコンサルタントの指導を必要とする。もし、このコンサルタントが審査経験もなく、かつ国際規格を十分通じている人でなかったら、正しい国際規格を体得できない。二重のムダな ISO9001 のシステムを構築することになる。ここから、一層形骸化した ISO9001 の運用が始まる。認証取得しているすべての組織がそうだとは言わないが、このようなプロセスで取得してしまったことに気づいて

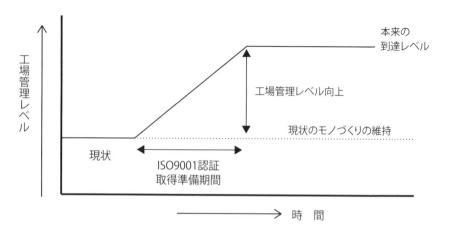

図表4-4　ISO9001取得準備期間

いない。ここが問題なのである。

　これに気づいた組織（会社）はISO9001の認証をやめてしまう。これはある意味で正しい判断である。しかし、本来のISO9001の狙いは真に生きた儲かる仕組みづくりにある。ISO9001には日本のTQMの思想が導入された形になっている。今、TQMからISOという人もいるが、これは間違いである。ISOは会社の仕事の一部分に過ぎないのである。TQMへ向かうのが正しい方向である。

4-28

ISO9001の狙いは
品質から経営への移行なり

　ISO9001は、品質に関する国際規格である。しかし、ISO9001の真の要求は、規格項番5-2「顧客重視」からわかる。現在、顧客はクレーム許容レベルを維持する大前提で、強烈な値引き（3〜8％／年）と短納期（例：2週間を1週間にせよ）を要求している。この2つの要求を満たさなければ、顧客満足にいたらない。だから、規格用語としては、「品質」になっているが、上記の2つの要求を満たすには、「経営」ととらえなければならない。しかし、多くのISO9001取得企業は、「品質」に限定して仕組みをつくっている。

　ここに問題があることに気づいていない。これは盲点なのだ。

　ある優良企業ではISO9001の構築を、「品質」に限定して仕組みをつくり、顧客の値引きや短納期の要求については、別の仕組みで経営目標を設定し、目標達成の改善を行っている。2本立ての仕組みをつくっているのだ。管理の分割ロスである。ISO9001の仕組みとして一本化するのが正しい。未だ多くのISO9001取得会社は、ここに気づいていない。

参考文献

- 『IE 基礎要論』甲斐章人、税務経理協会、1985 年
- 『トヨタ生産方式の IE 的考察』新郷重夫、日刊工業新聞社、1980 年
- 『生産マネジメント』徳山博千、熊本和浩ら、朝倉書店、2002 年
- 『ホーソン実験の研究』竹林浩志、大橋昭一、同文館出版、2008 年

〈著者紹介〉

近江 堅一（おうみ けんいち）

1962 年　日本大学理工学部電気科卒業。
　　　　大手電気メーカー入社。32 年間工場管理に従事。この間、トヨタ生産方式の真の実践者より 7 年間（月 1 回）現場指導を受ける。さらにデミング賞審査員より 15 年間方針管理（TQM）の指導を受ける。これをベースに工場改善を重ね FL 法（中小メーカー向けトヨタ生産方式）を確立し、協力会社（15 社）に適用し、FL 法の経済効果を確認し、独立を決意した。
　　　　生産効率化推進部長、工場長、品質管理部長歴任。

1994 年　近江技術士事務所設立。
　　　　生産コンサルタントとして工場改善指導に従事。
　　　　・中小メーカー生産性指導　　250 社
　　　　・方針管理（TQM）指導　　　40 社
　　　　・ISO9001 認証取得指導　　　35 社
　　　　・ISO9001 審査　　　　　　　398 回（617 日）
　　　　・QC サークル指導　　　　　 50 社

資　格　・技術士（経営工学）
　　　　・ISO9001 主任審査員

近江 良和（おうみ よしかず）

1997 年　日本大学理工学部数学科卒業。
　　　　大手コンピュータシステム開発会社、翻訳サービス会社で、12 年間英語ソフトウェアの日本版製作に従事する。

2009 年　近江技術士事務所入所。
　　　　生産性向上（FL 法）指導、公的機関における経営支援やセミナー講演に従事する。

資　格　・中小企業診断士

近江技術士事務所

ホームページ　http://www.omi-con.com
E メール　　　info@omi-con.com

トヨタに学びたければトヨタを忘れろ
常識を打破する 改善リーダー育成 108 の秘訣　NDC509.5

2017年3月28日　初版1刷発行　　　　　定価はカバーに表示されております。

　　　　　　　　Ⓒ著　者　　近　江　堅　一
　　　　　　　　　　　　　　近　江　良　和
　　　　　　　発行者　　井　水　治　博
　　　　　　　発行所　　日刊工業新聞社

〒103-8548　東京都中央区日本橋小網町14-1
電話　書籍編集部　03-5644-7490
　　　販売・管理部　03-5644-7410
　　　FAX　　　　　03-5644-7400
振替口座　00190-2-186076
URL　http://pub.nikkan.co.jp/
email　info@media.nikkan.co.jp

印刷・製本　新日本印刷

落丁・乱丁本はお取り替えいたします。　　2017　Printed in Japan
ISBN 978-4-526-07690-9
C3034
本書の無断複写は、著作権法上の例外を除き、禁じられています。